L'harmonie des couleurs

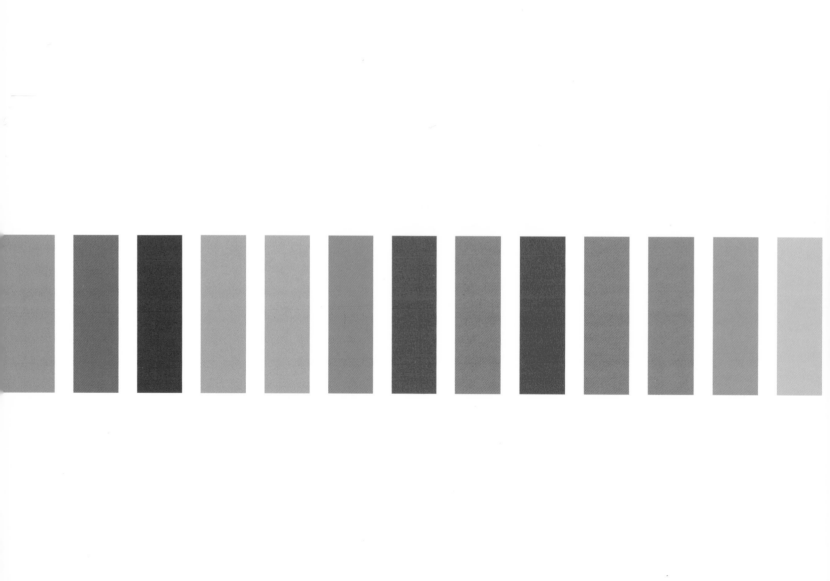

L'harmonie des couleurs

Caroline Atkins

97-B, Montée des Bouleaux
Saint-Constant, Qc, J5A 1A9
Tél.: (450) 638-3338 Fax: (450) 638-4338
Web: www.broquet.qc.ca / Courriel: info@broquet.qc.ca

Données de catalogage avant publication (Canada)

Atkins, Caroline

L'harmonie des couleurs

Traduction de : Colour your home.
Comprend un index.

ISBN 2-89000-647-6

1. Couleur en décoration intérieure. I. Titre.

NK2115.5.C6A8414 2004   747'.94   C2004-940793-7

Édition originale
Première édition publiée en 2003
  par Hamlyn, Octopus Group Ltd
© Octopus Publishing Group Ltd
Titre original : Colour Your Home
Tous droits réservés.

Photographies de la couverture : Stewart Grant,
Syriol Jones, Spike Powell, Lucinda Symons / Reproduit de
House Beautiful / National Magazines Company / Retna UK.

Édition française
Traduction : Dominique Darbois-Clous
Adaptation et réalisation : Dédicace, Villeneuve-d'Ascq

Copyright © Ottawa 2004
Broquet Inc.
Dépôt légal - Bibliothèque nationale du Québec
2e trimestre 2004

ISBN 2-89000-647-6

Imprimé à Hong Kong par Toppan

sommaire

la roue chromatique

comment fonctionnent les couleurs

Ingrédient magique, la couleur est ce qui donne vie à une pièce, en modifie l'aspect général, y crée une atmosphère. Chaque couleur a ses qualités propres ; il est donc important d'apprendre à connaître les environnements auxquels chacune s'accorde, les effets obtenus et les associations possibles.

Ce livre vous présente les grands groupes de couleurs et indique pour quelles pièces elles fonctionnent le mieux. Il suggère des pistes pour choisir la nuance répondant parfaitement à votre attente. Il montre aussi comment les couleurs interagissent quand on leur associe des teintes secondaires, pour les compléter ou créer des contrastes. Viennent ensuite des conseils pratiques et simples à mettre en œuvre pour adapter les couleurs existantes de votre maison en apportant de nouvelles touches, des éléments décoratifs ou des effets de peinture faciles à réaliser.

magie de la couleur

Rien de tel que la couleur pour créer une atmosphère :
nos réactions aux couleurs sont instinctives et immédiates.
L'ambiance de chacune de vos pièces découlera directement
des couleurs que vous allez choisir. Vous devez donc vous
assurer que c'est bien cet effet-là que vous souhaitez
obtenir ! Suivant les couleurs que vous allez employer,
une pièce paraîtra plus grande ou plus petite, chaleureuse
ou froide, informelle et décontractée ou classique. Vous
pouvez ainsi créer des ambiances extrêmement variées.

▷ tons pastel

Les tons pastel sont les teintes les plus faciles et les moins risquées
à utiliser. Avec leur tonalité douce et tendre, ces versions adoucies
de couleurs plus vibrantes se marient agréablement, créant toujours
une impression d'harmonie. Décor habituel des chambres d'enfants,
où leur caractère apaisant est particulièrement bienvenu, les tons
pastel peuvent aussi créer un effet de fraîcheur et de modernité
quand on les associe à un mobilier sans façon. Il suffit de peindre
quelques meubles en bois tout simples dans la gamme de ces tons
dragée pour créer un décor charmant.

▷ teintes vives

L'emploi de ces couleurs demande davantage d'audace, mais si
vous les choisissez avec soin, vous serez amplement récompensé.
Utilisez la roue chromatique qui se trouve en fin d'ouvrage pour
vous assurer que les teintes que vous associez vont s'harmoniser
(comme les murs bleu et turquoise ci-contre) ou créer un contraste
intéressant (comme le bleu et l'ocre, ou le turquoise et le rose).
En général, les teintes vives donnent aux pièces une allure moderne
et sont plutôt indiquées pour un ameublement contemporain que
pour un intérieur traditionnel. On peut toutefois parfaitement faire
l'expérience de couleurs vives pour donner un style vibrant
et original à une maison ancienne.

◁ tons foncés

Les couleurs foncées produisent un effet mélancolique et en appellent à notre sens de la mise en scène. Vous ne souhaiteriez sans doute pas en décorer tout un logement. Assortissez-les à de vieux fauteuils en cuir, à des étagères surchargées de livres reliés ou, pour un résultat plus contemporain, plus dépouillé, à des lignes pures en fer forgé noir ou en ébène. Le caractère naturel des tons « terriens », comme les verts et les bruns, les rend faciles à vivre. Les gris et les bordeaux suggèrent une élégance classique. Employez-les pour donner une allure noble à un salon ou une salle à manger ou pour recréer une ambiance studieuse, évocatrice des bureaux ou des bibliothèques d'antan.

◁ couleurs neutres

Subtile et raffinée, la palette des neutres possède un style bien particulier, et son utilisation est particulièrement gratifiante. Elle offre parfois juste le degré de couleur nécessaire pour souligner l'architecture d'une pièce : goûtez-la pour sa propre valeur, ne la tenez pas pour une non-couleur. Ici, les lames de plancher blanc pur, gris clair et vanille pâle et les murs café au lait donnent une idée de l'éventail des nuances possibles. Ils composent un ensemble reposant, tout en retenue, à l'élégance informelle. Pour choisir entre valeur chaude et valeur froide, reportez-vous à la sélection de tons neutres des pages 122–125, puis jouez ensuite des ombres et des contrastes que les différentes nuances peuvent créer.

couleurs chaudes, couleurs froides

En vous reportant au cercle chromatique de la page 18, vous pouvez constater que les différentes nuances engendrent des impressions de chaud et de froid. Le bleu est le secteur le plus froid. De part et d'autre, les bleu-vert et les violets proches du bleu complètent le front froid. En face, au bord extérieur du cercle, l'orange est le point le plus chaud, avec d'un côté les rouges flamboyants et, de l'autre, les jaunes lumineux. Verts et violets composent les zones de transition. Les verts tirant le plus vers le jaune sont les plus chauds, comme les violets tirant le plus vers le rouge.

Cette répartition n'est pas seulement théorique. Toutes ces couleurs produisent un effet immédiat dans l'espace où vous les introduisez, permettant de réchauffer ou de rafraîchir l'ambiance en fonction de votre sensibilité, de l'utilisation de la pièce et de son orientation. Par exemple, les pièces orientées au nord, qui reçoivent peu de lumière naturelle, seront mises en valeur par des teintes chaudes, qui compensent le manque de soleil. Des tons plus froids conviendront sans doute mieux aux pièces lumineuses orientées au sud, pour rafraîchir l'atmosphère aux heures chaudes du jour.

△ tons froids

Les tons de bleu, vert Nil et lilas créent un intérieur frais, propice à la détente. L'accent est mis sur les lignes pures et les surfaces réfléchissantes. Le style raffiné et tout en retenue du vase, du pied de lampe chromé et du dessus de table en bois clair s'assortit aux couleurs fraîches.

▷ tons chauds

Ornée de tons de rouge, d'orangé et de jaune, la même pièce prend des airs d'opulence et d'hospitalité chaleureuse. L'abondance des matières renforce l'accueillante impression de confort : les veinures du bois, les plis de la couverture jetée sur le canapé accentuent encore la profondeur des tons.

couleurs qui éloignent, couleurs qui rapprochent

En réfléchissant à l'ambiance de la pièce et en choisissant les teintes qui en rendront le mieux l'atmosphère, regardez ses volumes et voyez si ses proportions vous semblent équilibrées. Ici, la couleur a un rôle à jouer. La règle veut que les couleurs claires fassent paraître une pièce plus grande : ces couleurs éloignent, parce qu'elles donnent l'impression que les murs sont plus loin qu'ils ne le sont en réalité. Les tons foncés génèrent un espace plus réduit, plus douillet : ils rapprochent, parce qu'ils semblent rétrécir le volume de la pièce. On peut constater ce phénomène sur le cercle de la page 18, où les tons froids produisent une impression de recul, les tons chauds un effet d'avancée.

Plus la couleur est foncée et chaude, plus la pièce apparaîtra petite ; et plus les tons sont clairs et froids, plus elle vous semblera grande. Le blanc est le plus grand ouvreur d'espace, talonné par le bleu pâle, alors qu'un rouge riche et profond créera une ambiance plus douillette et plus enveloppante.

Les trois pièces ci-contre illustrent cet impact de la couleur sur le volume de la pièce.

△ chambre sous les combles

Dans la chambre sous les combles, où la surface au sol se limite à peu près à la largeur du lit, on a peint en blanc la pièce (avec une légère pointe de lilas sur la pente du plafond) pour ouvrir l'espace. C'est tout particulièrement important là où il y a peu de lumière naturelle. On a laissé ici la fenêtre libre de tout store ou rideau pour apporter le plus de lumière possible aux recoins qui pourraient être sombres. On a peint le mur du fond en blanc brillant pour renvoyer la lumière à l'intérieur de la pièce. La touche lilas du plafond est un choix astucieux : comme c'est une des couleurs de transition où le chaud rencontre le froid (voir page 10), il offre l'avantage de dilater l'espace en tant que teinte qui éloigne, mais conserve assez de chaleur pour compenser la froideur du blanc pur.

▽ chambre bleue

Dans la chambre bleue, la couleur prend une place plus importante, mais les murs bleus restent encore assez clairs pour conserver un effet d'ouverture de l'espace. Les touches bleu moyen, plus foncées, de la parure de lit et des coussins, le marine et le cobalt de l'abat-jour, du pichet fleuri et d'autres accessoires, apportent des accents et des contrastes à la palette de départ sans introduire une gamme différente. L'ensemble demeure une déclinaison de bleu et conserve donc un effet d'ouverture. Ici aussi, le lit occupe une grande partie de la pièce, mais grâce aux murs bleus et au blanc du sol, du mobilier et des rideaux, la chambre semble spacieuse.

△ chambre rouge

La chambre rouge illustre le caractère enveloppant de cette couleur très riche. Il y a beaucoup d'espace entre le lit et la fenêtre, mais l'effet d'avancée des parois rouges donne à la pièce une apparence plus petite et chaleureuse. On se sent entouré de couleur. Un sol clair aurait probablement fait « reculer » les murs ; en le conservant foncé, on renforce à coup sûr l'impression de cocon. La seule partie restée claire est la couche orangée au-dessus de la cimaise. Elle s'inspire toujours de la moitié chaude du cercle chromatique, mais, comme elle est plus claire que le rouge, elle étire les murs et fait paraître le plafond plus haut. Elle évite aussi que la palette chaude ne devienne oppressante, prévenant ainsi toute claustrophobie.

complémentaires et contrastes

Sur le cercle chromatique (voir page 18), chacune des trois couleurs primaires se trouve à l'opposé de la couleur secondaire créée par le mélange des deux autres. En face du rouge, on trouve donc le vert (mélange de bleu et de jaune) ; le bleu s'oppose à l'orange (mélange de rouge et de jaune) et le jaune au violet (mélange de rouge et de bleu). On appelle ces couples opposés couleurs complémentaires, à cause de la manière dont les deux teintes se renforcent mutuellement. La combinaison des deux produit en général un effet trop puissant pour être confortable. N'essayez pas de les employer en quantités équivalentes, au risque de découvrir qu'elles se tuent l'une l'autre au lieu de se compléter. À la place, introduisez quelques touches de l'une pour compenser l'autre, vous les verrez alors vibrer d'une vie nouvelle. Voilà un exemple d'attraction des contraires qui fonctionne !

▽ rouge et vert

C'est le contraste le plus fort et le plus vif. Le vert rend le rouge encore plus rouge, le rouge fait ressortir plus vigoureusement le vert. Ici, les touches de vert du plaid sur le canapé, du vase et des verres ont pour but de souligner la dominante rouge de la pièce. Si ce type de composition vous semble difficile à maîtriser, cherchez des idées dans les décors naturels, où ces couleurs se combinent souvent. Pensez aux géraniums rouge vif sur fond de feuilles vertes, ou au jeu des couleurs d'un sous-bois à l'automne, quand des éclats de feuilles rouges surgissent parmi les verts de l'été.

▽ jaune et violet

Voici une combinaison qui offre une large gamme de possibilités : suivant les tons que vous choisissez et les textures auxquelles vous les adaptez, elle peut aussi bien rendre la somptuosité des ors et de la pourpre régalienne que la fraîche simplicité d'un jardin de printemps. La pièce reproduite ici combine un peu ces deux effets. Les plis opulents de la couverture apportent au jaune du canapé une riche note décorative. Les tons pastel de la jacinthe qui se trouve sur la table basse offrent un contraste charmant et doux. C'est l'équilibre des tons chauds et froids qui parachève l'effet. Et les deux couleurs soulignent idéalement leurs caractères respectifs.

△ bleu et orange

C'est un mariage classique : ton froid du bleu et celui, chaud, de l'orange, se mettant l'un l'autre parfaitement en valeur. Si vous regardez avec attention certaines natures mortes de Cézanne comportant des fruits, vous remarquerez comment les tons dorés des poires et des pêches sont soulignés d'ombres bleues qui en font encore plus ressortir la richesse. Plus proche du quotidien, voyez comment fonctionnent des porcelaines bleu et blanc à côté d'objets simples en grès et de carreaux terre cuite dans une cuisine rustique. Ou comment un beau ciel bleu méditerranéen fait ressortir les toits de tuiles orangées.

ton sur ton, harmonies et contrastes

Une fois comprises les relations entre les différentes couleurs, vous pouvez contrôler les effets qu'elles produisent quand vous les associez. Au lieu de tâtonner, vous pouvez à présent faire des choix avec assurance. Le mariage des couleurs en décoration fait appel à trois grands types de palette :

■ **le ton sur ton :** on choisit de décliner une seule couleur, avec une palette très restreinte où la seule variation consiste à ajouter des tons plus clairs (avec plus de blanc) ou plus foncés (avec plus de noir).

■ **l'harmonie des couleurs :** on associe des tons assez proches sur le cercle chromatique, de façon à éviter les voisinages discordants, mais à souligner légèrement les couleurs par des contrastes mesurés.

■ **les contrastes :** pour obtenir un effet plus présent et plus spectaculaire, on introduit des couleurs venant de bords opposés du cercle chromatique ; le jeu des couleurs complémentaires intensifie leurs différences.

△ bleu ton sur ton

Le ton sur ton est la gamme la plus simple à concevoir, puisqu'elle se base sur une seule couleur. Veillez toutefois à introduire assez de variété dans la palette pour éviter la monotonie, et aussi vous assurer que la teinte choisie vous plaise en grande quantité ! Pour vous guider, utilisez les nuanciers proposés dans les magasins de décoration. Chacun offre une palette originale de couleurs ton sur ton, du plus pâle au plus foncé. Observez aussi les motifs monochromes ornant les porcelaines, les textiles, les papiers peints. Même s'ils proviennent d'une palette basique, ils montrent une gradation de tons dans leurs différents éléments. Les couleurs des porcelaines vont ici d'un bleu ciel très doux au marine foncé, en passant par un cobalt intense. Y faisant écho, la pièce est décorée dans une gamme de bleus doux, comprenant le cadre de cheminée bleu moyen, les carreaux plus sombres du tapis et les différents bleus du bureau. Une grande variété donc, et pourtant, parce que tous les tons proviennent d'une seule zone du cercle chromatique, la palette reste douce et ne prend pas le risque de heurter.

▽ bleu et turquoise en harmonie

L'harmonie de couleurs apporte plus de fraîcheur : recourir à une couleur voisine sur le cercle chromatique a un effet stimulant. Le bleu frais du sol et du coussin est associé à un bleu tirant légèrement sur le vert (le premier ton rencontré sur le cercle quand on part du bleu pour aller vers le jaune) qui souligne sa fraîcheur estivale et crée un effet tropical. Il y a quelque chose de très satisfaisant à employer ainsi deux couleurs proches. La similitude permet de conserver l'impression d'unité, mais la légère différence ouvre un peu la porte à l'aventure… L'espace d'un moment, on croit que les deux tons vont se heurter. Au lieu de cela, ils se ravivent l'un l'autre pour créer un décor plus riche et plus animé.

△ turquoise et jaune en contraste

Cette composition est bien plus hardie. Il est toutefois très amusant de recourir à une palette contrastée quand on se sent mieux armé pour combiner les couleurs. Ici, on arrive presque au mariage des contraires. Si le ton de bleu était plus froid et le jaune un peu plus chaud et tirant sur l'orange, on obtiendrait la combinaison des complémentaires bleu/orange présentée page 14. Étant donné que l'on utilise dans cette cuisine les couleurs en quantités égales, l'emploi des complémentaires pures aurait engendré un contraste extrêmement puissant : vous auriez obtenu un résultat discordant. Au lieu de cela, les deux teintes ont été atténuées de façon à adoucir le contraste. On conserve l'opposition chaud/froid, et les deux teintes proviennent toujours de deux secteurs opposés du cercle chromatique, mais on les a choisies dans des zones un peu plus proches pour qu'elles n'entrent pas en conflit.

▽ le cercle chromatique

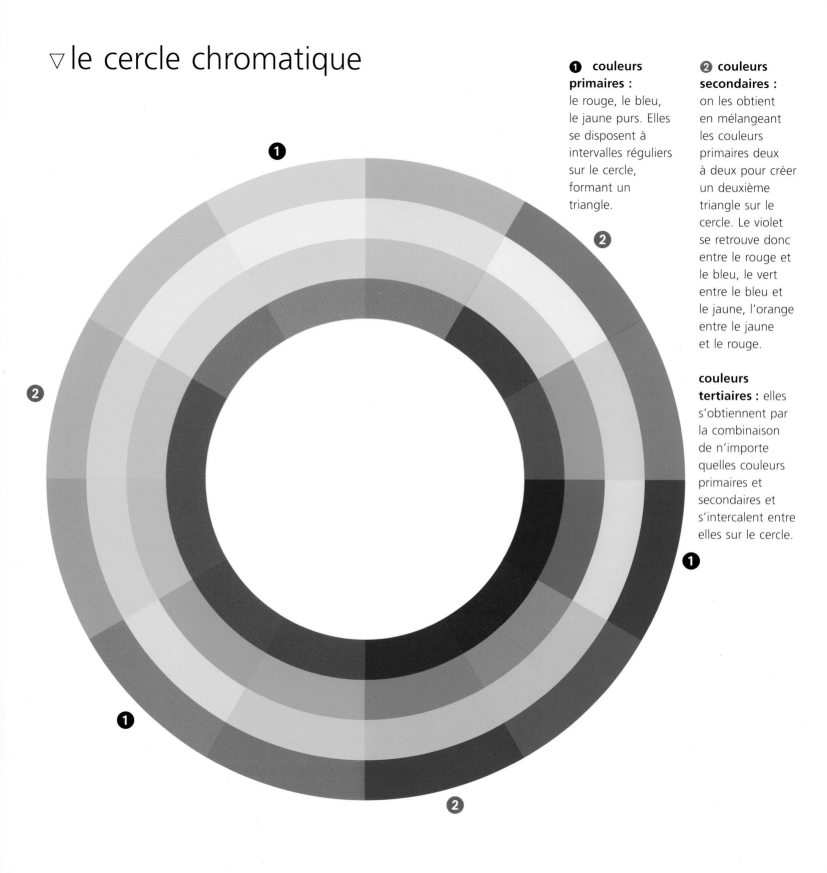

❶ couleurs primaires : le rouge, le bleu, le jaune purs. Elles se disposent à intervalles réguliers sur le cercle, formant un triangle.

❷ couleurs secondaires : on les obtient en mélangeant les couleurs primaires deux à deux pour créer un deuxième triangle sur le cercle. Le violet se retrouve donc entre le rouge et le bleu, le vert entre le bleu et le jaune, l'orange entre le jaune et le rouge.

couleurs tertiaires : elles s'obtiennent par la combinaison de n'importe quelles couleurs primaires et secondaires et s'intercalent entre elles sur le cercle.

le cercle chromatique

La plupart d'entre nous apprenons les bases de la couleur dans l'enfance, quand nous mémorisons celles de l'arc-en-ciel, obtenues par la diffraction de la lumière blanche. Le cercle chromatique s'appuie sur ce principe, avec un spectre complet qui passe par le rouge, l'orangé, le jaune, le vert, le bleu, l'indigo et le violet pour revenir au rouge.

Le cercle extérieur reprend les couleurs primaires ❶ et les couleurs secondaires ❷. On peut poursuivre la découverte avec les couleurs tertiaires, qui mélangent les primaires et les secondaires. Les cercles intérieurs de la roue montrent les variations plus subtiles que l'on peut créer en éclaircissant ou en fonçant chaque couleur pour produire différents tons et nuances. Avec ce diagramme, on peut noter quelles couleurs vont pouvoir s'associer – en harmonie, en complément ou en contraste – pour créer une palette qui fonctionne.

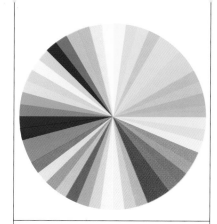

Pour vous guider dans votre choix, utilisez la roue des couleurs à la fin du livre.

présentation des couleurs

bleu
Propice à l'inspiration et à la spiritualité, frais, net, paisible, tendre, sensible.

violet
Idéaliste, apaisant, protecteur, majestueux, magique.

rose
Romantique, mystérieux, séduisant, doux, captivant, calmant, relaxant, reposant.

rouge
Énergique, fort, puissant, vibrant, courageux, déterminé, indépendant.

orange
Audacieux, rayonnant, intellectuel, confiant, résolu, loyal.

jaune
Joyeux, tonique, riche, opulent, intelligent, expressif, festif, plein d'astuce.

vert
Naturel, rajeunissant, nourrissant, optimiste, énergique, studieux, équilibrant, serein, rafraîchissant, harmonieux.

création d'ambiance
Chaque couleur fait appel à des associations naturelles qui lui sont propres et vont influencer l'esprit, le climat de la pièce où vous l'utilisez. Il est bon de garder ces qualités en tête au moment de choisir les teintes d'un décor.

bleu

Couleur des **ciels d'été** et des fleurs des champs, le bleu est un ton **frais** et reposant, propice à l'inspiration. Utilisez cette valeur sûre en décoration pour créer des pièces sereines à l'**élégante simplicité**.

pourquoi le bleu fonctionne bien

Le bleu est un classique en décoration. S'inspirant du jardin fleuri riche en nuances, il trouve ses applications dans la porcelaine bleue et blanche aux multiples motifs. Textiles, papiers peints et accessoires adoptent si bien cette couleur qu'elle en acquiert presque une qualité « naturelle » : pensez au bleu jean, robuste et quotidien, évocateur d'une texture autant que d'une couleur.

Propre et frais, apaisant, élégant, le bleu convient très bien aux chambres et aux salons. Du fait de ses associations avec l'eau, il est aussi idéal pour les cuisines et salles de bains. Excellente couleur de fond, facile à associer, partenaire naturel des meubles en bois simples, il est variable à l'infini. Il devient presque neutre dans ses versions les plus grises, s'approche du mauve dans ses nuances fleuries, ou explose d'exubérance dans ses palettes méditerranéenne et tropicale pleines de vitalité.

△ renvoi de la lumière

Le bleu reflète la lumière plus qu'il ne l'absorbe, ce qui fait que même dans ses nuances les plus foncées, il reste frais et pimpant. Vous pouvez accentuer cet effet en choisissant des supports qui possèdent déjà une qualité réfléchissante, comme les peintures satinées et brillantes ou les carreaux de céramique. De la même façon, les tissus lustrés, soie fluide, chintz chatoyant, organza pétillant, accentuent cette qualité. Sur une table, des objets en verre d'un beau bleu – ou turquoise – reflètent superbement la lueur des bougies ; la brillance d'une vaisselle bleue ajoute aussi une note de lumière. Associez différents tons de bleu afin de découvrir l'effet de leurs nuances. Un décor reflétant la lumière permet de mélanger des bleus différents. L'éclat des surfaces rompt l'uniformité de la couleur par des touches d'ombre et de lumière, et permet l'harmonie de nuances qui auraient plutôt tendance à se heurter.

▽ sérénité

Le bleu est apaisant : il fait bon s'éveiller ou trouver le sommeil dans un environnement bleu. Les tons les plus clairs, évocateurs des ciels d'été, sont particulièrement reposants pour une chambre, soulignant les qualités que les « psychologues de la couleur » confèrent au bleu : pureté et valeur thérapeutique. Associez-le au blanc ou au crème et à des pastels doux pour un plaisant effet « rustique », qui fonctionnera aussi bien en ville, offrant un havre de paix au cœur de l'agitation urbaine. Le fait que le bleu provienne de la partie froide du spectre chromatique renforce cette impression de paix. Il est idéal pour apaiser une pièce souffrant d'un excès de lumière. Veillez toutefois à ce que le résultat ne soit pas froid et rébarbatif. Si vous souhaitez réchauffer une pièce exposée au nord, optez pour les nuances comportant une touche de jaune, comme le turquoise, plutôt que pour un bleu lavande, plus froid.

△ expansion des volumes

Le bleu crée un effet de recul : cela veut dire qu'il semble s'éloigner dans l'espace quand vous le regardez. C'est un très grand avantage si vous souhaitez faire apparaître plus grande une pièce assez petite : il vous suffit de peindre les murs en bleu (bleu pâle de préférence) et ils sembleront plus distants. De plus, comme la couleur bleue évoque des images de grandes étendues de mer et de ciel, l'emploi du bleu peut vraiment créer cette illusion d'espace. Pour en accentuer l'effet, utilisez des tons similaires de bleu pour les murs et les boiseries, de façon à créer une impression de surface plus ou moins continue plutôt qu'un assemblage de zones plus petites. Le bleu clair est une teinte magique pour les badigeons et les vernis ; il vous permet de créer une impression diaphane de ciel immense et d'infinis espaces.

◁ **La combinaison d'un bleu pâle classique, d'un mobilier contemporain aux lignes épurées et de rayures et carreaux plus hardis crée un mélange de styles élégant et intemporel.**

▷ **Stores et rideaux à carreaux et rayures au chaleureux ton rouille contrastent avec le bleu discret des murs, empêchant que la pièce ne prenne un aspect froid et peu accueillant.**

un salon bleu

Un bleu ciel très doux donne à cette pièce à vivre une allure fraîche et sereine. C'est une couleur de fond gratifiante, parce qu'elle se marie à toutes sortes de mobilier. Elle a une tonalité classique qui pourrait aussi bien s'associer à des stucs élégants qu'à des fenêtres à l'ancienne. Elle est en fait très proche du bleu vert pâle des élégants salons à dorures d'antan. Son caractère frais, diffuseur de lumière, convient aussi aux intérieurs de style scandinave, comme celui recréé ci-contre. Le bleu clair se marie superbement au bois décapé, qui apporte des rehauts de lumière et crée un décor frais et charmant sans pour autant générer de contraste violent. Les meubles blancs, le plancher pâle et le revêtement en toile claire des sièges équilibrent avec naturel les murs bleus. Une fois réalisé un décor apaisant comme celui-ci, vous pouvez varier le style du mobilier qui l'habille. Ainsi, la charmante écritoire présentée ici s'inspire de la période gustavienne du XVIIIᵉ siècle suédois, s'accorde à merveille avec les sièges contemporains, tandis que la vitrine ajoute une élégance intemporelle.

une touche pragmatique

Au même titre que les éléments décoratifs gustaviens et le mobilier aux lignes pures plus contemporain, une troisième note scandinave joue son rôle dans cette pièce. Il s'agit de la note rustique, plus populaire, que donnent les tons rouille. Employée en petites quantités, une couleur franche apporte des accents vigoureux, qui donnent à une pièce un aspect plus habité, plus joyeux, sans noyer les tons atténués de l'ensemble. Les carreaux et les rayures retiennent la couleur dans leurs limites géométriques et ajoutent une tonalité « rustique » plus pratique, que rappelle au sol le tapis rustique. La combinaison de carreaux d'importance et de valeur différentes, que peut venir à l'occasion compléter un coussin fleuri, donne un joli ton décontracté à un cadre qui aurait pu devenir trop strict.

Le renvoi de la lumière joue aussi un rôle important. La vitrine accentue cet effet, et même des détails, comme la poignée en verre du tiroir du bureau, tiennent leur place en captant la lumière. Laisser les ouvertures libres de rideaux permet à la lumière de jouer son rôle. La fenêtre est équipée d'un store bien net qui laisse pénétrer la lumière quand il est relevé, et s'achève par des panneaux de voile mouvants offrant un peu d'intimité sans assombrir la pièce.

textures et équilibre

L'effet d'ensemble est net et serein. L'arrière-plan bleu, compensé par un choix équilibré de textures, est frais sans être froid. Les accessoires contemporains, comme les boîtes en aluminium et la lampe de bureau en acier, sont adoucis par des éléments à tonalité plus douce et chaleureuse : pouf en vannerie, tringle de en bois.

une salle de bains bleue

Havre de fraîcheur et de netteté, cette salle de bains lumineuse tire le meilleur parti de la palette des bleus. Imaginez une plage des Antilles, ciel azur, eau aigue-marine, et utilisez ces teintes noyées de soleil pour apporter un petit air de vacances à une pièce à l'allure morne et blasée. C'est une palette idéale pour les pièces assez petites, parce qu'elle vous permet d'apporter beaucoup de couleur sans rendre les murs trop présents. Couleur qui crée un effet de recul, le bleu, même dans cette nuance plutôt soutenue, donne une impression d'espace, très bienvenue pour la plupart des salles de bain. La tonalité nette de la couleur, translucide et réfléchissante plutôt qu'assourdie et absorbant la lumière, convient aussi aux lignes simples et aux boiseries nettes de la pièce ; la nuance Nil, plus claire, qui met en valeur le cadre de la fenêtre, la plinthe et le tablier de la baignoire, contribue à souligner l'architecture de la pièce.

le style bord de mer

Observez attentivement le ton Nil : vous remarquerez qu'il n'est pas peint en aplat, mais présente un aspect légèrement brossé, faisant apparaître plusieurs nuances et couches superposées. Cet effet exige quelques précautions, car il est difficile à réussir sur une grande surface et, si on en abuse, peut détourner l'attention de la géométrie naturelle de la pièce. Il fonctionne bien à petite dose,

sur des surfaces précises, comme celles illustrées ici. Il apporte une note de bois délavé qui s'accorde bien au style bord de mer du décor et fait écho aux autres éléments marins choisis pour décorer la pièce. Au mur, les coquillages placés dans des cadres profonds apportent une note en relief, et un cordage ponctué d'étoiles de mer en céramique s'enroule autour du miroir.

touches soutenues

Même les carreaux aux tons neutres qui entourent la baignoire brodent sur ce thème marin, faisant écho aux nuances à peine rosées du cordage et des coquillages pour rappeler le sable des îles. Leur fini mat sans aucun reflet vient même renforcer ce rappel de la plage.

Les couleurs plus soutenues des serviettes et du store ne sont qu'une version plus foncée des teintes existantes. Observez les endroits plus sombres, là où le vase de fleurs, le cadre de la fenêtre et le décor de coquillages créent des ombres naturelles : elles sont d'un bleu plus soutenu, à note plus violette. C'est cette nuance que reprennent les textiles pour offrir un contraste pertinent à la lumière du jour qui inonde la pièce. Enfin, les bordures à motifs du store et d'une des serviettes reprennent à la fois les tons clairs et foncés pour adoucir cette opposition et éviter de tuer les nuances les plus pâles.

décliner le bleu en quatre décors

La souplesse d'adaptation du bleu vous permet de l'utiliser pour toutes sortes de styles. Choisissez une palette limitée de bleus moyens. Vous pourrez en tirer des effets bien différents : sobriété ou mise en scène, élégance classique ou minimalisme contemporain. Le bleu est bon public face aux idées nouvelles, amusez-vous à faire des expériences.

△ simplicité rustique

Exploitez le côté simple et pratique des carreaux et des rayures, en associant des tissus à motif écossais ou vichy à la vaisselle ancienne pour créer un décor de cuisine astucieux. Préférez les étagères ouvertes aux placards, et disposez des caissons et des paniers de rangement. Apposez au mur des croisillons peints pour y suspendre tasses et ustensiles de cuisine, et cachez la poubelle et l'électroménager derrière des panneaux de tissu.

△ mise en scène

Un mur d'un bleu profond constitue un bel arrière-plan pour exposer objets et tableaux et créer toute une atmosphère dans une salle à manger. Utilisez des appliques pour mieux mettre en valeur la richesse du ton. Recherchez ensuite des formes et des silhouettes marquées, qui se détacheront bien contre lui. Meubles au design audacieux et objets décoratifs originaux ajoutent une note de curiosité et créent des ombres intéressantes. Les touches de noir, ébène ou fer forgé par exemple, seront les bienvenues.

△ mosaïque méditerranéenne

Certains bleus possèdent une tonalité merveilleusement translucide, idéale pour la salle de bains. Tentez la juxtaposition des couleurs – par exemple cobalt profond, azur éclatant et turquoise pâle – pour peindre un motif de mosaïque sur une surface de carreaux de céramique unie. Pour produire cet effet, appliquez au tampon, en couche fine de peinture à céramique, des petits carrés que vous disposez de façon irrégulière pour laisser des blancs qui créeront un effet de contraste, et des zones de superposition un peu plus soutenues. Vous choisirez les sels et huiles de bain dans des tons assortis, ainsi que tous les autres accessoires.

△ sérénité contemporaine

Au lieu d'accrocher des tableaux, peignez d'audacieux effets directement sur vos murs. Les aplats de couleur pure, comme ici, créent un contraste très intéressant avec les bois pâles et les lignes épurées, pour créer une ambiance très contemporaine. Associez des tons de blanc ou de crème à vos bleus pour obtenir un fini frais et piquant. Le résultat est puissant et sans compromis, mais on peut l'adoucir en rajoutant beaucoup de textures, par exemple plusieurs couches de tissu et des piles de coussins confortables.

quatre nuances de bleu à explorer

jean

Le bleu jean a un côté modeste, peu encombrant qui s'associe bien avec les gris et les grèges. Foncé mais sans excès, il est aussi pratique qu'on peut l'imaginer quand on se réfère aux usages du blue jean. Sa nuance proche de celle de l'encre devient bien plus douce quand elle s'adapte aux tissus d'ameublement ou au papier peint.

- **style :** naturel, adaptable, classique.
- **inspiration :** décontraction, style marin, tissus monochromes.
- **où l'utiliser :** cuisines, chambres d'enfants et décors « bord de mer », sous forme de rayures, carreaux et unis. Chambres, pièces à vivre et salles à manger sous forme de tissus, papiers peints et vaisselle à décor raffiné.
- **recommandation :** aucune.
- **en association :** une des nuances les plus souples, le bleu jean se marie pratiquement avec tout.

1

cobalt

Il faut de l'audace pour choisir ce bleu peu conciliant, mais il fonctionnera bien là où vous souhaitez créer un effet. Excellente toile de fond pour les tableaux, il définit sur-le-champ l'espace et attire l'attention partout où vous l'utilisez.

- **style :** théâtral, contemporain, focalisant.
- **inspiration :** cartes postales de Méditerranée, art moderne.
- **où l'utiliser :** cuisine (ambiance high-tech citadine) et salles à manger. Salles de jeux : c'est un fond idéal pour mettre en valeur les dessins d'enfants.
- **recommandation :** il peut être envahissant. Faites un essai de la nuance voulue sur une large surface pour vous assurer que vous pouvez vivre avec.
- **en association :** verts frais, tons chauds terre cuite, accessoires chromés.

2

turquoise

Riche, généreux, le turquoise apporte une touche de vitalité. Il est sans doute trop présent pour les pièces à vivre, mais il réagit merveilleusement à la lumière du matin, crée une ambiance quand vient le soir et, appliqué aux détails et aux accessoires, apporte une note vivifiante.

- **style :** dynamique mais pas excitant.
- **inspiration :** mer des Caraïbes, soieries indiennes.
- **où l'utiliser :** chambres et pièces à vivre : si vous n'osez pas en recouvrir un mur entier, osez le coussin ou la couverture.
- **recommandation :** vérifiez l'équilibre du vert et du bleu de la teinte. L'effet peut varier en fonction du côté où penche la balance.
- **en association :** rose soutenu, la plupart des jaunes (notamment les nuances fraîches de primevère et citron). En opposition : l'orange et l'ocre brun du bord opposé du cercle chromatique.

3

ciel

Intense mais translucide, c'est le bleu vaporeux du début de l'été. Réfléchissant superbement la lumière, il crée une ambiance fraîche en association avec le blanc et le crème, mais supporte aussi des touches de bleu plus soutenu, en contraste.

- **style :** serein, apaisant.
- **inspiration :** ciel d'été, myosotis.
- **où l'utiliser :** chambres, salles de bains, pièces de jour, partout où vous souhaiter agrandir les volumes.
- **recommandation :** Attention, il peut créer une ambiance froide dans les pièces exposées au nord.
- **en association :** blanc, crème, pastel, bleu violet.

4

associer le bleu aux autres couleurs

vert

N'écoutez pas ceux qui disent que le bleu et le vert font mauvais ménage. Ils peuvent en fait créer une combinaison remarquable qui ira bien dans toutes sortes de cadres : du décor tropical débordant de vie au mobilier peint de style cottage. L'équilibre des tons entre le vert du meuble et le bleu du mur produit ici un effet frappant, mais harmonieux, où les deux coexistent à parts égales.

rose

L'association du rose et du bleu a un petit air charmant et un peu rétro, surtout avec les tons pastel, comme les nuances jacinthe sauvage et pois de senteur ci-contre. Si, au lieu de les introduire sous forme (par exemple) de textile ou de papier peint fleuri, on peint sur le mur des carrés audacieux, on crée un décor contemporain plus présent, plus adapté aux intérieurs modernes et à un mobilier sobre.

jaune

Association typique des bords de mer, ciel et soleil, mer et sable, le bleu et le jaune se complètent à merveille. Fraîche et très printanière, cette alliance fonctionne bien quand on opte pour un cobalt éclatant (ou le turquoise employé pour cette chambre) en combinaison avec un beau jaune soleil. Même en plein hiver, elle égaie toujours une pièce un peu morne.

violet

Assez proches, le bleu et le violet s'associent pour créer une ambiance mélancolique, où le bleu apporte un fond calme, discret, et les touches de violet des accents plus vifs. Utilisez largement les tons neutres pour compenser le conflit possible des deux couleurs : par exemple, du bois naturel pour un supplément de chaleur ; des objets en métal de couleur ardoise et étain pour faire écho à l'ambiance sourde de la pièce.

rouge

Le rouge et le bleu ont en commun un côté carré, sans façon, qui en fait un duo idéal pour les chambres d'enfants et le style bord de mer. Deux couleurs primaires pures, venant de deux secteurs différents du cercle chromatique, elles s'assemblent pour offrir des contrastes intéressants. Elles ne sont pas suffisamment complémentaires pour entrer en conflit, mais assez pour que leur association fonctionne sous forme de carreaux, rayures et cotonnades rustiques.

tons neutres

Tous les tons neutres sans exception font alliance avec le bleu, à condition d'être attentif à l'effet produit par les différentes nuances. Tous ceux qui comportent une touche d'orangé (complémentaire naturel du bleu sur le cercle chromatique) raviveront par contraste le bleu. Les gris accentueront son côté froid, tandis que les tons plus rosés, plus chauds, comme la teinte pierre des carreaux de céramique ci-contre, permettront un équilibre plaisant.

sources d'inspiration

L'inspiration peut venir dans les lieux les plus inattendus, même quand on ne la cherche pas. Des éléments du quotidien domestique, que vous côtoyez sans les prendre en compte vraiment, peuvent soudain déclencher une idée pour une couleur de peinture, la teinte d'un canapé ou juste le ton qu'il faut pour mettre en valeur une parure de lit. Regardez dans votre placard à vêtements comment les couleurs que vous aimez vont ensemble. Prenez note des bleus qui vous plaisent à chaque occasion où vous en rencontrez. Les couleurs vives des vacances à l'étranger sont de bonnes sources d'inspiration. Pensez à composer un album avec vos photos, cartes postales et souvenirs. Il vous servira de référence plus tard.

△ textiles

Demandez des échantillons des tissus qui vous plaisent, et ouvrez un album où vous rassemblerez vos combinaisons de couleur préférées. Ajoutez-y des pages de magazines présentant des intérieurs et décors qui vous semblent agréables à vivre.

▷ fleurs naturelles

Chez le fleuriste et dans les parterres fleuris, recherchez les couleurs qui vous inspirent. Regardez comme les associations de fleurs trouvent leur harmonie naturellement, et apprenez à vous laisser guider par votre instinct et à marier les couleurs en toute confiance.

△ vaisselle et porcelaine

Repérez des couleurs sur vos propres étagères de cuisine ou dans votre vaisselier, ou allez faire une moisson d'informations au rayon « Arts de la table » d'un grand magasin. Le mariage bleu et blanc est un classique, base d'une palette « valeur sûre » en décoration.

△ vitrines

Gardez l'œil ouvert pour votre inspiration lorsque vous circulez. Avoir un appareil photo sur soi peut être une bonne idée pour fixer au passage une idée nouvelle. Le cliché viendra compléter votre album d'échantillons de tissus et de peinture.

▷ rayons peinture

Collectionnez les nuanciers, source générale d'inspiration, mais aussi appui précieux pour le choix d'une teinte précise. Faites toujours vos essais de couleur sur une surface assez significative avant de prendre une décision, et testez-les avec tous les tissus et papiers peints que vous avez l'intention d'utiliser.

violet

Royal et opulent, subtil et **mystérieux**, le violet offre au décorateur créatif une gamme infinie d'ambiances. Découvrez les **secrets** de la plus **déconcertante** des teintes.

pourquoi le violet fonctionne bien

La gamme des violets offre une extraordinaire variété de contrastes : des fastueux violets princiers jusqu'aux doux tons vaporeux des dragées et des fleurs de glycine. Comme c'est une couleur intermédiaire, située entre le bleu et le rouge sur le spectre chromatique et comportant un mélange des deux, elle peut être chaude ou froide et, suivant la manière dont vous l'utilisez, peut produire des effets extrêmement différents. Si vous peignez une pièce d'une nuance foncée, tirant du côté rouge de la palette, vous obtiendrez par un effet de rapprochement une pièce plus petite, plus chaude et enveloppante, présentant une forte personnalité. Peignez la même pièce d'un mauve pâle proche de la zone des bleus, et l'effet éloignant prendra le dessus : le volume de la pièce semblera amplifié, tout en fraîcheur et clarté, et l'ambiance générale sera apaisée et reposante.

△ **assurance**

Prenez un violet audacieux pour décorer une pièce, et on vous reconnaîtra sur-le-champ un œil sûr et un talent pour la mise en scène. C'est la couleur qui porte en elle cette assurance ! Bien plus aisé à employer que ne le pensent la plupart des gens, le violet parvient à créer des ambiances à forte personnalité sans pour autant être oppressant, ni difficile à vivre. Cela est dû en partie au fait qu'une petite surface de couleur produit de grands effets. Vous pouvez ainsi faire des expériences à une petite échelle, sans ressentir le besoin de repeindre toute la pièce en violet foncé. Jouez avec quelques notes ou accessoires d'un beau ton prune ou bruyère. Observez l'effet qu'ils produisent dans un intérieur aux tons majoritairement neutres. Vous aurez une impression immédiate de luxe, et vous sentirez encouragé à essayer d'autres idées de décoration, plus audacieuses et plus créatives.

▽ romantisme

Rien de tel que le violet pour faire ressortir l'aspect romantique d'une pièce. Cela s'explique pour partie dans les qualités psychologiques associées à cette couleur : spiritualité, idéalisme, magie, protection. Cela provient aussi du don qu'a le violet de se marier aux surfaces et aux effets décoratifs les plus séduisants. Une astuce consiste à choisir des finitions irisées ou nacrées qui refléteront la couleur. Cristaux et sequins ornent idéalement abat-jour et coussins, ainsi que les boutons de nacre, qui déjà laissent voir des nuances de violet et de gris. Les textiles à reflets, velours et soie, organza translucide, confèrent au violet une douce lueur argentée. La porcelaine et la verrerie apportent leurs propres éclats de couleur : dressez une table avec des gobelets pourpres, et assortissez-les à de la vaisselle irisée pour qu'ils puissent renvoyer la lumière.

△ subtilité

Chacune des nuances du violet est d'une étonnante subtilité. On sait combien il est difficile de garder à l'esprit la nuance exacte d'une couleur ; c'est pourquoi, quand vous faites vos emplettes, il est essentiel que vous emportiez des échantillons pour assortir un tissu, un papier peint ou un ton de peinture. Le violet est certainement un des tons les plus difficiles à garder en mémoire, glissant d'une nuance à l'autre de manière insaisissable. Presque gris dans ses versions les plus pâles, il se rapproche, dans ses tons plus soutenus, du bleu sombre et du magenta profond. Il peut comporter tant de nuances de bleu et de rouge qu'il semble parfois plus proche du brun.

une entrée violette

Ce ton de bruyère très doux ouvre le volume de l'entrée et donne une personnalité originale à la maison. Quand on pénètre dans une entrée comme celle-ci, on sait tout de suite qu'on entre dans un lieu empli de détails intéressants et de couleurs inhabituelles. Mais sa magie véritable réside dans son adaptabilité. Teinte très élégante, reposante et décorative, elle ne laisse pas pour autant une impression de formalisme. Elle offre donc un fond idéal pour une entrée qui doit recevoir une multitude d'objets pratiques et quotidiens. L'ensemble respire une détente un peu bohème. Le soin apporté aux moindres détails et au choix du mobilier fait écho au raffinement de la couleur. Des supports en bois sculpté soutiennent un linteau décoratif peint, des chandeliers sophistiqués en applique font écho à un lustre ornemental assez fantaisiste (hors champ), tous ces objets projetant des ombres intéressantes sur le fond au ton peu banal. Une console en demi-lune se fait discrète contre le mur, et un porte-chapeaux élancé accueille couvre-chefs et vêtements légers juste après la porte.

mélange des styles

Ce mélange de raffinement et de décontraction se poursuit jusque dans les boiseries. Au lieu de blanc pur, on a appliqué un vert citronné pâle sur les plinthes, les encadrements et la rampe de l'escalier, pour créer un contraste plus intéressant, moins violent,

avec le violet des murs. Les surfaces non peintes apportent leur propre tonalité : le plancher clair, comme le bois plus foncé, dans le style bambou, du porte-chapeaux, se marient tout aussi bien avec le fond très doux. Un empilement de paniers en osier offre un rangement pratique sous l'escalier. Ce décor s'accorde avec l'ancien comme le moderne : meubles décoratifs aux formes raffinées, vases modernes, miroirs et tableaux contemporains.

ombre et lumière

Le violet n'est pas une couleur qu'on s'attendrait normalement à trouver dans une entrée ou un escalier. La prudence et l'usage veulent qu'on choisisse des tons neutres, qui feront le lien entre les couleurs qu'on aperçoit dans les autres pièces, ou des tons ensoleillés et chaleureux, pour créer un plaisant effet enveloppant et accueillant. Ce violet n'est pas rayonnant, mais il est loin d'être inhospitalier : la couleur contient suffisamment de rouge pour réduire son caractère froid en demeurant rafraîchissante.

Cette entrée reçoit manifestement suffisamment de lumière naturelle. Les stores à l'intérieur des portes laissent penser qu'en fait ce lieu a plus besoin d'ombre que de lumière. Dans une maison qui accueille la chaleur du soleil une bonne partie de la journée, une entrée protégée et fraîche constitue un véritable havre, la meilleure impression qu'une entrée puisse donner !

une chambre violette

Une profusion de violet et de parme donne à cette chambre une grande présence, éveillant toutes les curiosités en restant néanmoins fraîche et reposante. Elle est aussi romantique à sa manière qu'une chambre ornée de tissus à fleurs et d'un lit à baldaquin, mais dans celle-ci souffle un parfum d'aventure et de rêves de pays lointains. Garni de lourdes couvertures et de coussins soyeux, l'étonnant cadre de lit attire forcément le regard. Les touches plus vives et les textures plus claires, plus mouvantes, rendent d'autant mieux sur un fond soutenu.

récits de voyage

Le violet a quelque chose d'exotique. C'est un bon élément pour susciter l'idée de voyages lointains. Nous n'avons toutefois pas affaire ici à un intérieur trop épicé ou débridé. L'atmosphère garde au contraire une note désuète et tout en retenue. C'est dû en partie à l'alliance du violet soutenu et des tons doux de brun et de gris, assez évocatrice d'un vieux cliché sépia, et au choix de l'ameublement, étonnamment traditionnel. Au pied du lit, le coffre à l'ancienne, réplique d'un coffre de marin en jonc tressé avec des attaches en cuir, semble attendre un chargement pour un prochain voyage. Au chevet du lit trône la reproduction fidèle d'une radio des années 1940. Le thème est repris par le grand pan de tissu mouvant suspendu au plafond et retenu par la tête de lit,

impressionnant ciel de lit évoquant les plis d'une moustiquaire ou d'une tente bédouine. Nous sommes dans l'antre d'une voyageuse : un lieu où placer objets d'art et souvenirs exotiques venus de pays étrangers, et où rêver à de nouvelles aventures.

curiosité et glamour

Mélancoliques, assourdies, les couleurs de la chambre tirent plus l'ensemble vers l'ombre et l'obscurité. La pièce n'a toutefois rien d'ennuyeux, car elle présente une grande variété de textures : lourds rideaux rayés de la fenêtre, rangements en vannerie empilés au sol ; plaids à franges, couvertures et jetés en laine moelleuse contrastent avec les coussins de soie posés contre les oreillers (on imagine volontiers ajouter à l'ensemble quelques kilims aux riches motifs) ; ou encore le ciel de lit, léger et frémissant, et le tapis moelleux au sol. Plus glamour que féminins, ces tons soutenus et ces textures opulentes endossent l'assurance du violet, mais sans trace de l'insolence dont la teinte est capable. La tringle à rideaux sera couleur étain assourdi plutôt qu'argent brillant, et les tables de nuit montreront une finition mate, à reflets éteints, comme de l'aluminium brossé. Même la combinaison de violet foncé et de beau rouge précieux fonctionne à merveille : elle apporte une note épicée mais reste contenue par les gris et les bruns plus subtils qui l'entourent.

iner le violet en quatre décors

Parfois spectaculaire, parfois apaisante, la palette subtile des violets offre une gamme étonnante d'ambiances et de styles. Employez-la avec précaution, vous découvrirez que c'est une des couleurs les plus faciles à moduler et à adapter. Une fois que vous aurez pris de l'assurance, vous pourrez vous faire plaisir en jouant avec ses effets plus hardis.

△ luxe et lignes pures

Voici le violet dans sa version la plus opulente, associé aux mosaïques de carrelage, aux serviettes moelleuses et à une baignoire placée dans un encadrement profond à rebord. Le ton, moyen, très pur, est rafraîchissant sans être froid. Quelques éclats de turquoise et de rose coquillage offrent un contraste vivant et précieux. On a maintenu des touches d'argenté et de gris pour conserver une note pratique au cœur de toute cette opulence.

△ romantisme d'aujourd'hui

Rien de plus romantique qu'un lit à baldaquin, même dans une chambre contemporaine. La parure violette apporte une note de plaisir gourmand. La chambre est très simple, presque entièrement blanche, excepté quelques notes de bois naturel et de vannerie. Toute l'attention se porte sur les lignes raffinées du lit et les jolis voilages de mousseline.

△ chic bohème

Combinez des motifs à fleurs un peu désuets et un ameublement contemporain, comme des coussins en suédine et un luminaire en acier, et vous obtenez un contraste agréable à vivre, avec une pointe de design. Les fleurs ne se démoderont jamais : sous forme de petits bouquets champêtres ou de roses géantes, elles font toujours l'unanimité. Le paravent amovible est un bon moyen de faire l'essai d'un nouveau papier peint.

△ notes audacieuses

Sur un fond sobre et blanc, le canapé aux tons doux – un lilas presque gris – reçoit une touche de modernité grâce aux tons et aux motifs hardis des coussins. Les pois audacieux tempèrent le violet en amenant des tons neutres, plus subtils. Le prune plus présent du coussin du milieu est repris par les rideaux. La proportion de violet est réduite, mais l'effet produit spectaculaire.

quatre nuances de violet à explorer

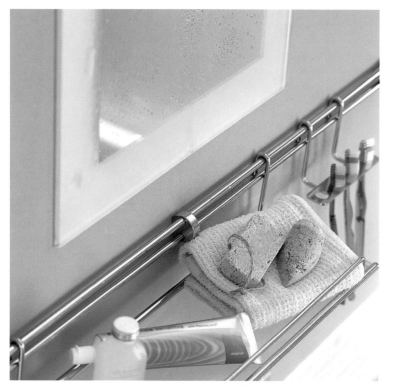

améthyste

Ce ton frais et pur, point d'équilibre parfait entre le bleu et le rose, possède un caractère bien personnel, qui permet de le distinguer des autres nuances. Il rend très bien quand il parvient à la transparence de la pierre dont il tire son nom.

- **style :** clair, précieux comme un bijou.
- **inspiration :** verre de couleur, cristaux naturels.
- **où l'utiliser :** chambres et salle de bains, pour sa note fraîche et nette. Comme note de couleur dans une pièce à vivre gris ou beurre frais.
- **recommandation :** la teinte s'intensifie nettement quand on l'utilise sur une très grande surface ; veillez à ce qu'elle n'écrase pas la pièce.
- **en association :** vert feuille, turquoise pâle ou rose vif, pour un effet de contraste. Argent ou gris étain pour des accents plus subtils.

1

violet

Il faut de l'audace pour employer cette nuance, mais elle peut apporter une merveilleuse sensation de luxe. Couleur des chambres d'adolescent et du style hippie, le violet est spectaculaire et donne beaucoup de personnalité au décor.

- **style :** soutenu, mélancolique, beaucoup d'effet.
- **inspiration :** prunes et raisins, violettes et pensées, années 1970.
- **où l'utiliser :** pièces du soir, pièces de jour bien éclairées. Il est indispensable de préserver de bonnes zones de lumière pour que l'ensemble ne devienne pas trop oppressant.
- **recommandation :** si l'impression est trop forte, pensez au ton plus doux des violettes givrées et ajoutez une touche d'argent ou de blanc moelleux pour atténuer l'effet.
- **en association :** bordeaux foncé pour encore plus de personnalité ! Jaunes et verts tendres pour une note florale.

2

bruyère

Ici, le ton nettement rosé de la partie haute du mur crée un effet beaucoup plus chaud, faisant ressortir le bleu, et contrastant aussi avec les coussins au violet plus froid, plus proche du lilas.

- **style :** chaleureux, à tonalité rose.
- **inspiration :** balades dans la lande, rocailles, chardons sauvages.
- **où l'utiliser :** salons et chambres, pour un effet très romantique et un confort suprême. Mariez-le avec satins et soies, accessoires en verre coloré ou cristal.
- **recommandation :** cette nuance a besoin d'être ponctuée de notes et de textures différentes, au risque sinon de prendre une allure trop formelle.
- **en association :** verts et tons crème en contraste. Roses, gris et tons pierre pour des accents plus doux ; vieil or pour une note chaude.

3

lilas

Couleur des jardins d'été et des robes de fête, c'est une nuance très jolie et facile à vivre. Plus chaleureux que le bleu, plus frais que le rose, le lilas est doux et adaptable.

- **style :** vaporeux, frais.
- **inspiration :** fleurs de jardin, mode estivale, dragées.
- **où l'utiliser :** presque partout, sauf dans les pièces sombres ou exposées au nord. Apaisant et rafraîchissant, il se marie agréablement à quantité de teintes et de styles.
- **recommandation :** veillez à ce qu'il ne tire pas trop vers le gris. Cette couleur froide peut devenir triste dans une pièce peu lumineuse.
- **en association :** argent, gris, verts tendres pour un zeste de romantisme. Chocolat pour une pointe de chaleur. Rose dragée pour un charmant intérieur pastel.

4

associer le violet aux autres couleurs

bleu

Le violet et le bleu s'harmonisent bien. Pour créer un impact, il importe donc de distinguer les deux nuances, avec un violet tirant sur le rouge qui contrastera mieux avec le bleu. Faites l'essai des deux tons sur des murs voisins, vous obtiendrez un décor frais et contemporain, parfait pour les salles de jeux, les cuisines et partout où vous désirez un décor dynamique et vivant.

vert

L'association vert tendre et violet vaporeux crée pour cette chambre un décor assez romantique de jardin fleuri. Ce mélange reposant fonctionne aussi bien pour les pièces à vivre que pour les chambres. L'emploi de deux teintes de même valeur crée un fond qui supporte bien l'apport de notes plus soutenues, comme le vert hardi de la cantonnière à carreaux et les reflets précieux de la bouteille améthyste sur le rebord de la fenêtre.

jaune

En tant que couleurs complémentaires (voir page 14), le jaune et le violet font mutuellement ressortir toute la puissance de l'une et l'autre teinte, et offrent l'opportunité de jouer avec un mélange toujours spectaculaire. Ici, on a ravivé un intérieur à dominante violette en peignant en jaune la moitié inférieure du mur, toile de fond idéale pour un décor de fantaisie, boa de plumes et drapés de mousseline.

rose

Les tons vifs de rose et de violet sont très délicats à manier. Mieux vaut les garder pour les pièces ouvrant sur l'extérieur ou pour les détails et accessoires, par exemple ces pots de style méditerranéen. Jouez de teintes variées pour vous faire une idée des différents effets que vous pouvez créer (pour un mariage plus doux de violet et de rose, reportez-vous au décor pastel de la page 65).

rouge

Par petites quantités, un beau rouge intensifiera le caractère mystérieux et exotique du violet, réchauffant ses tons plus sourds et enrichissant le décor. Ici, le coussin rayé qui comporte plusieurs tons, écarlate, bordeaux, cramoisi, réveille d'une certaine manière les violets grisés de la couverture pour donner plus de présence à l'ensemble.

tons neutres

Une des couleurs les plus évocatrices et spectaculaires en décoration, le violet a tout à gagner de la cohabitation avec les tons neutres paisibles, qui équilibrent sa forte personnalité. Les tons chauds fonctionnent très bien, car leur note jaune apporte le contraste vivifiant des complémentaires. Ajouter à un intérieur violet des éléments naturels, comme des meubles en bois ou des paniers de rangement, suffit pour faire toute la différence.

sources d'inspiration

Le violet est une couleur qu'on ne s'attend pas à voir, parce qu'on y associe une idée d'étrangeté ou de vague rébellion. Il peut se faire princier, impérial, couleur de justice et d'autorité, tout en symbolisant l'hédonisme hippie et les folies du psychédélisme pop. Si l'on pense aux fleurs, le violet prend une note bien plus douce. En effet, rares sont les couleurs qui offrent tant de nuances inspirées par la nature. Lilas, lavande, violette, on ne compte plus les fleurs qui donnent leur nom aux nuances du violet. La douceur de ces fleurs contribue à en faire une palette plus souple et accessible en décoration.

△ échantillons de peinture

Se souvenir d'un ton précis est presque impossible. Rassemblez un maximum de nuances de peinture et testez-les pour en mesurer l'effet avant de faire vos choix.

◁ fruits et légumes

Prunes, raisins, radis, navets, oignons violets, choux rouges, aubergines et cerises procurent quantité de beaux tons de violet parmi lesquels choisir. Regardez le bel effet des couleurs sur fond de feuilles vertes.

△ pétales de fleurs

Le violet soutenu se remarque toujours. Recherchez les iris, les jacinthes et surtout les anémones foncées.

△ accessoires de salles de bains

On respire presque le parfum de ces couleurs. Inspirez-vous de leurs tons pastel, et voyez comment savons décoratifs et sels de bain enjolivent vos étagères de salle de bains.

◁ bouquets fleuris

Les tons vaporeux comme ceux de la superbe glycine ou de la modeste campanule des jardins rendent toute la subtilité de cette douce couleur estivale.

rose

Doux et sucré ou bien vif et **insolent**, le rose peut toujours vous surprendre. Couleur de la **barbe à papa**, du chewing-gum et des **robes de fête**, il peut faire naître une multitude d'effets variés.

pourquoi le rose fonctionne bien

Couleur de la tranquillité et de la confiance, le rose rassure.
Même dans ses tons les plus audacieux et surprenants,
il dégage toujours une énergie positive. Les nuances
plus pâles, chaleureuses et évocatrices du sein maternel,
constituent un choix classique pour les chambres de bébé.
Des générations de jeunes filles s'en sont aussi emparées,
parce que cette couleur répond à leurs rêves de romance,
de conte de fée et de glamour.

Le rose peut créer une gamme extraordinaire de styles
décoratifs : joli et doux, profond et sensuel, exotique
et épicé. Donc, ne le bornez pas aux chambres paisibles.
Utilisez-le pour d'autres pièces, comme les entrées et les
cuisines, où sa note vivante crée une ambiance pratique
étonnante. Mariez différents tons de rose, pour éviter
que l'effet d'ensemble ne soit trop « bonbon » ou trop
marqué pour être confortable.

△ énergie

Même dans ses tons les plus pâles, le rose apporte naturellement
une touche de vie. Les roses plus soutenus et opulents dégagent
une forte énergie. Parfois, ce sont ses notes épicées qui apportent
de la chaleur, par association avec les climats tropicaux. Le rose a
aussi en lui quelque chose de robuste, d'assuré, qui rend très bien
dans un cadre contemporain. Ajoutez-lui une note technique en
le mariant au chrome étincelant ou à l'acier brossé : ce contraste
inattendu crée un effet dynamisant, qui fonctionne bien dans des
pièces aussi diverses que la cuisine ou le bureau. Cet effet est
amplifié car le rose soutenu est une couleur qui rapproche et
donne l'impression que les surfaces sont moins loin de vous.
Une pièce peinte ou tapissée d'un rose soutenu vous donnera
immédiatement la sensation d'être protégé et entouré, sans
claustrophobie, mais dynamisé et prêt à vous concentrer.
Même si vous n'êtes pas assez audacieux pour l'employer
en grande quantité, faites-en l'essai avec des touches et
des détails, et observez le résultat.

▽ romantisme

Aucune couleur n'atteint le niveau de charme du rose. Robes de bal en satin, champagne rosé, sous-vêtements en soie lui ont donné ses lettres de noblesse. Toutes les petites filles se pavanent en robe de fête rose, et choisissent cette couleur si douce pour se créer une chambre de Barbie. Pensez rose, et soudain tout paraît riche et effervescent. Vous vous sentez prêt à créer des effets extravagants avec des textures comme la soie et l'organza, à façonner ruchés, plis et drapés sophistiqués pour en tirer le meilleur parti. Allez jusqu'au bout de l'image innocente de l'enfance, ornez votre intérieur de festons, nœuds et rubans, ou de cœurs et de fleurs ! Ou encore, optez pour une voie plus raffinée et recréez la chambre romantique classique, emplie de voilages aériens et mouvants. Noyez le lit d'édredons en satin à l'ancienne aux tons plus soutenus et riches ; et terminez par des piles de coussins pour parfaire l'effet.

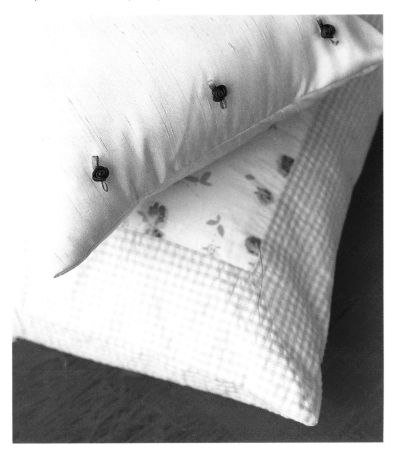

△ calme

Propice à la méditation et au repos (ses propriétés calmantes ont fait leurs preuves dans les pouponnières, les hôpitaux, et même les prisons pour apaiser les esprits tourmentés), le rose apporte sa propre note de sérénité partout où vous l'utilisez. Les nuances corail les plus douces sont les mieux adaptées pour cela, rien de trop vif, ni de dérangeant. Elles s'accordent particulièrement bien aux intérieurs de campagne, où elles épousent à merveille les tons moelleux du pin ancien et de l'osier ou du jonc. On peut aussi les employer avec succès pour créer une palette moderne et plus citadine. Ce n'est pas si étonnant, la tonalité chaude du rose le fait ressortir naturellement à côté de surfaces comme la brique nue ou le plâtre brut des murs. Le fait d'apporter un simple tissu rose, par exemple un rideau ou un store, complète les teintes existantes et contribue à adoucir les éléments plus austères, comme le bois foncé ou les matériaux modernes. Associez les carreaux sans façon à la toile unie de lin ou de jute pour conserver un style citadin.

◁ **Les motifs fantaisie de la toile de Jouy traditionnelle génèrent le romantisme qu'on associe toujours à une chambre rose. Oreillers et coussins opulents couvrent le lit raffiné.**

▷ **Cette couleur délicate s'adapte idéalement aux petits fauteuils d'appoint et charmants accessoires.**

une chambre rose

Un rose tendre avec une pointe chaude de corail est idéal pour une chambre à l'ancienne décorée d'imprimés et de motifs traditionnels. Celle-ci réussit l'association du confort et du raffinement. Tissus à motifs délicats et mobilier décoratif apportent une jolie note de conte de fées. L'arrière-plan uni et la présence de tissus plus simples préservent son air vivant et accueillant, évitant une allure trop jolie, trop délicate pour y vivre. Le point de départ du décor tout entier est la toile de Jouy des rideaux, des oreillers, du dessus-de-lit matelassé et du petit fauteuil capitonné. La toile traditionnelle à fond crème ou blanc s'orne de petites scènes détaillées recréant des histoires en miniature, où rien ne manque : angelots, bergères et entrelacs de fleurs et de feuillages. Les motifs se font aussi, entre autres, en bleu et en rouge (et en noir pour un effet plus sophistiqué), mais le rose reste le plus fantaisiste, composant une chambre qui séduira les romantiques de tous âges.

mélange des motifs

Il faut garder à l'esprit qu'un peu de toile produit de grands effets. La densité du motif peut devenir envahissante si on en recouvre la chambre tout entière. Cela irait à l'encontre du projet de départ : utiliser le rose pour ses qualités douces et apaisantes. Il importe donc de rompre le dessin par des surfaces unies et d'autres motifs moins présents. Les chambres offrent mille occasions de mêler les tissus, car on peut superposer des jetés aux tons contrastés sur le lit, et y empiler oreillers et coussins de couleurs différentes. Ici, le couvre-lit matelassé est mis en valeur par la sobriété de sa doublure en toile rayée rose et blanc et par la fraîcheur des draps de lin blanc. Créant le même genre d'effet à la fenêtre, les hauts rideaux de toile sont complétés par un store plat, doublé à l'intérieur de toile rayée, ne laissant apparaître en bas qu'une petite bande de toile de Jouy enroulée qui contraste avec ses rayures. Les murs sont unis, le plancher est peint d'un blanc pur, pour offrir un cadre un peu rustique à tous ces jolis motifs. Un simple tapis de laine ajoute une note rose plus vive pour faire ressortir les tons plus soutenus de la pièce.

éléments décoratifs

Ce joli rose et le choix raffiné des tissus de la pièce sont des alliés naturels du mobilier décoratif. Recherchez l'élégance du fer forgé, qui apportera des lignes gracieuses même si le métal est noir. Introduisez les meubles en bois sculpté peint, comme la petite table de chevet, et apportez une dernière touche avec des détails romantiques et décoratifs, comme un lustre ou un abat-jour ornés de pendeloques de cristal.

◁ Un mur fuchsia ardent crée un fond vibrant pour les objets en chrome brillant, donnant à la palette des roses une note plus contemporaine.

▷ Quelques touches rose vif, et vous réveillez un ensemble assez sobre, surtout si vous introduisez des surfaces brillantes et réfléchissantes tels l'aluminium et l'acier.

une cuisine rose

Quelques notes puissantes de rose franc suffisent à apporter la couleur dans cette cuisine à dominante blanche, lisse et moderne, qui tire essentiellement son intérêt des surfaces réfléchissantes et du contraste des matières. Elle présente une allure de laboratoire high-tech, et les éclats de rose lui apportent un peu de légèreté, rompant par des touches de fantaisie l'alignement rationnel et austère des meubles intégrés. Comme il fait partie des roses dynamiques, ce ton franc souligne l'aspect fonctionnel de la cuisine, alors qu'une nuance plus douce l'atténuerait. Il vient en quantité suffisante pour compenser le chrome des accessoires, mais joue encore son rôle comme élément d'un poste de travail rationnel. Il faut être sûr de soi pour adopter ce rose, mais l'effet n'est pas difficile à créer : vous pouvez introduire peu à peu les éléments décoratifs. L'arrière-plan sobre et blanc demeure une bonne solution de repli si vous avez des doutes sur l'ajout de ce ton vraiment présent. Peint çà et là sur un panneau, il est moins intimidant que sur un mur entier, mais offre le fond ou le cadre qui mettront en valeur les accessoires, pendules ou miroirs.

contrastes audacieux

Le contraste rose et argent est intéressant. Dans un contexte moins utilitaire, on s'attendrait à ce qu'il produise un effet romantique, très « petite jeune fille », si l'on pense au rose coquillage souligné

d'argent, aux robes de fête ornées de sequins, au vernis à ongles et au maquillage à paillettes. En employant comme ici le rose en petite quantité, en limitant la décoration argent aux carrés stricts des portes de placard – avec un petit écho sur les carreaux à l'arrière du plan de travail –, on donne à la pièce un effet tout à fait différent. Fraîche, calme et sereine, elle offre un décor tout en retenue, dégageant bien les équipements utiles, prêts à servir. Les poignées chromées aux lignes pures et le parquet simple contribuent à cet aspect fonctionnel, et créent presque une ambiance années 1950, où l'équipement technique tient la vedette et les touches de rose lui apportent une note de glamour.

métal contemporain

Afin de créer encore plus d'impact, le rose insolent prend une fonction pratique à plusieurs endroits-clés. Il ne se contente pas d'offrir un contraste piquant, il transforme une partie des objets en métal en ustensiles de cuisine vivants et colorés, apportant leur touche de personnalité. Offrant de nouvelles occasions d'ajouter une touche décorative là où vous le désirez, le rose métallique capte la lumière en projetant des lueurs rosées sur les placards blancs. Boîtes, pichet, même une simple passoire, tous dans les tons rose vif, créent un effet lumineux tout à fait dans l'esprit utilitaire chic des années 1950.

Décliner le rose en quatre décors

De rose profond à fleur d'amandier pâle, le rose propose une palette vaste et variée, et une multitude d'effets différents. La même couleur se mariera aussi bien à l'ancien qu'au moderne, apportera dynamisme ou romantisme féerique. Tout dépend du lieu où vous l'utilisez et du mobilier auquel vous l'associez : choisissez bien l'effet que vous souhaitez.

△ détente bucolique

Inspirez-vous du thème jardin suggéré par les roses fleuris, et ajoutez-leur des notes vert mousse pour créer une fraîche ambiance rustique. Évitez les textiles et papiers peints à grandes fleurs trop précises, optez plutôt pour de petits bouquets frais, faciles à assortir à des carreaux sans façon. Commencez par un abat-jour dans le style vichy ou quelques coussins de canapé, et introduisez ensuite un plaid, pour apporter plus de motifs et différentes valeurs de carreaux.

△ peinture actuelle

Audacieux volumes colorés et mobilier simple créent un décor net et contemporain avec une touche de personnalité. On peut choisir pour le sol une peinture spéciale très résistante. Peignez d'abord le sol pour obtenir la nuance exacte désirée, puis passez quelques couches de vernis clair et mat pour protéger la surface. Choisissez du mobilier en aggloméré brut prêt à peindre.

△ charme à l'ancienne

Le rose est le ton classique des tissus à fleurs, alors faites-vous plaisir avec de grands motifs éclaboussés de roses ou de pivoines, et laissez-les imposer leur style au mobilier : plus romantique, plus fantaisie. Bois ouvragé et teintes douces sont les alliés par excellence de ces tissus. Créez des effets de plis et de nœuds pour souligner leur charmant aspect féminin. Apportez des notes décoratives rétro : touches dorées, porcelaine fine, gouttes de cristal étincelant.

△ boiseries classiques

Pour une palette plus assourdie et raffinée, choisissez un rose bistré. Employez-le en couleur de fond. Cette teinte foncée a un aspect « terrien » qui évoque la terre cuite à l'ancienne, mais avec une pointe de rose qui le rend merveilleusement chaleureux et reposant. C'est une teinte idéale pour un panneau de boiserie.

quatre nuances de rose à explorer

coquillage

Le plus doux, le plus subtil des roses, c'est un grand classique. Teinte traditionnelle des romances de contes de fée, il ne se démode pourtant jamais. Vous pouvez donc aussi l'utiliser pour créer des ambiances plus sobres et plus modernes.

- **style :** joli, pastel, délicat.
- **inspiration :** dragées, glaçage des gâteaux, guimauve, cerisiers du Japon.
- **où l'utiliser :** chambres et salles de bains, où ses qualités reposantes et apaisantes donnent toute leur mesure. Pièces à vivre : la nuance est assez chaude pour créer un effet douillet et réchauffer une pièce triste.
- **recommandation :** évitez de l'associer à des tons trop présents. Il est trop délicat pour leur résister et risque de prendre un air déprimé par comparaison.
- **en association :** tons blancs et crème, pastels très doux (limitez-vous aux teintes dragée).

1

barbe à papa

Si vous avez des envies d'extravagance sans abandonner tout à fait votre enfance, vous pouvez opter pour ce rose, une teinte soutenue qui se défend face aux couleurs franches du style junior.

- **style :** sucré, intense, sans façon.
- **inspiration :** chewing-gum, sorbet ou milk-shake à la fraise.
- **où l'utiliser :** chambres d'enfants, chambres kitsch, cuisines rétro (style milk-bar américain des années 1950).
- **recommandation :** c'est une couleur intransigeante ; vérifiez bien que vous pouvez vivre avec. Elle apporte beaucoup de fantaisie, mais peut-être ne voulez-vous pas de la fantaisie à temps plein.
- **en association :** pastels soutenus et verts frais complémentaires comme les tons prairie et citron vert.

2

fuchsia

Ce rose ardent génère un impact immédiat, idéal pour apporter une touche exotique ou raviver une pièce qui a besoin d'un coup de fouet. Lumineux et contemporain, il est amusant à utiliser dans un cadre fonctionnel, où on ne l'attend pas.

- **style :** plein de vie, contemporain, épicé.
- **inspiration :** loukoums, saris de soie, mode jeune.
- **où l'utiliser :** cuisines modernes ; avec des accessoires brillants argent ou chrome. Chambres de type palais oriental.
- **recommandation :** toute une pièce fuchsia peut paraître agressive. Si vous avez des réserves, utilisez-le pour souligner d'autres tons ou mêlez-le aux couleurs chaudes voisines sur le cercle chromatique.
- **en association :** oranges flamboyants et beaux rouges pour plus de profondeur. Verts frais et jaunes vivants aux couleurs de sorbet, pour créer un contraste.

3

vieux rose

Puissant mais subtil, ce ton profond comportant une pointe de brun et de rouge a une personnalité bien marquée. Il convient très bien pour apporter une touche ancienne, car il apporte l'effet d'une teinte autrefois plus soutenue mais fanée par le temps.

- **style :** fané, traditionnel, classique.
- **inspiration :** rideaux de velours fané, crépis, terres cuites et briques anciennes.
- **où l'utiliser :** chambres, salles à manger, pièces à vivre ; là où vous souhaitez apporter chaleur et atmosphère.
- **recommandation :** ce ton a beau être chaud, il reste foncé et peut devenir triste dans les recoins sombres. Utilisez-le avec parcimonie dans les pièces qui reçoivent peu de lumière.
- **en association :** tons blancs, crème et neutres rosés. Vert mousse et or fané.

4

associer le rose aux autres couleurs

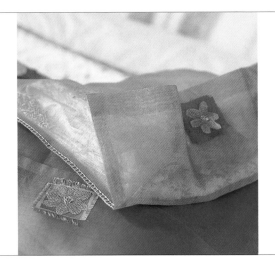

bleu

Les roses et les bleus font d'intéressants contrastes, les nuances les plus hardies peuvent créer un résultat saisissant. Inspirez-vous des tons exotiques des saris en soie. Associez un turquoise vif et un fuchsia ardent. Ce serait sans doute téméraire de concevoir tout un intérieur sur ce mariage, mais il crée des accents merveilleux pour les coussins, rideaux et autres accessoires.

vert

Alliance rustique traditionnelle, le rose et le vert font entrer un peu le jardin dans la maison. Si vous ne savez pas par où commencer, optez pour les roses fleuris, puis imaginez les tons de feuille qui les mettent naturellement en valeur au jardin. Difficile de faire fausse route avec ce duo, mais les décorateurs novices se sentiront sans doute plus à l'aise avec les nuances douces, faciles à manipuler, qu'avec le citron vert et le fuchsia plus risqués.

jaune

En décoration, marier le jaune et le rose n'est pas la première idée qui vient à l'esprit. Voici toutefois un mélange frais et estival, évocateur des comptoirs à bonbons et des robes à fleurs. Les deux tons pourraient presque s'affronter, mais comme ils sont de force et densité égales, aucun des deux ne domine.

violet

Choisissez des tons doux : violet et rose seront des partenaires naturels, aux nuances proches et faciles à utiliser. Ce joli sol carrelé qui alterne le blanc avec les deux couleurs est idéal pour une salle de bains paisible, surtout si on la meuble de bois chaleureux, qui apporte une note contemporaine et évite que le décor ne devienne trop écœurant et sucré.

rouge

Quitte à mélanger le rose et le rouge, jouez le tout pour le tout et optez pour des teintes qui donnent l'impression d'apprécier la confrontation. Ici, les murs framboise soutenu reçoivent la lumière reflétée par le plafond blanc. Ils restent frais et lumineux, et les touches plus fortes de coquelicot ne les écrasent pas. Les rideaux rouges et le couvre-lit fleuri apportent un supplément de richesse et de romantisme.

tons neutres

Il est facile de noyer les roses délicats, même avec des tons neutres. Utilisez-les avec précaution. Vous découvrirez sans doute que les tons pierre et café à tonalité rosée fonctionnent mieux que les beiges jaunes et biscuités. Cette pièce combine les deux dans un équilibre parfait, de sorte que les tons neutres délavés des tissus d'ameublement restent discrets à côté de l'imprimé à fleurs roses.

sources d'inspiration

On imagine que le rose est d'un emploi peu courant, une gourmandise, un petit luxe. En fait, on le rencontre très souvent. Jardins débordant de fleurs et vergers de printemps sont la première image qui vient à l'esprit, mais vous allez repérer toutes sortes de roses dans votre salle de bains et votre chambre, entre le rouge à lèvres et le vernis à ongles, et tous ces jolis récipients de produits pastel sur le bord de la baignoire. Cerise sur le gâteau, le rose est une couleur très appétissante, et vous découvrirez des nuances sous toutes sortes de formes comestibles : glaces, sorbets, milk-shakes, barbe à papa…

▽ accessoires et vêtements

Repérez les nuances que vous aimez dans vos vêtements. Reprendre des tons avec lesquels vous vivez déjà vous permettra de prendre confiance pour oser cette palette peu conventionnelle.

△ fruits d'été

Avec les tons frais comme framboise écrasée, le plaisir des yeux rappelle celui du goût. Pour obtenir différents effets, on peut diluer le rose soutenu des fruits dans le sirop, l'adoucir par une cuillerée de crème ou de glace, ou l'aiguiser en le saupoudrant de sucre…

△ roseraies

Fleurs coupées ou jardins offrent un choix parmi des dizaines de nuances. Les pétales doucement incurvés des roses anciennes offrent une multitude de tons variés qui changent subtilement au fur et à mesure que les fleurs s'ouvrent, puis se fanent.

△ glaces tendres

Recherchez les roses pastel qui se marient parfaitement aux tons crème, blancs et autres teintes douces. Ces textures moelleuses souligneront la douceur des roses les plus pâles et les plus délicats.

▷ glaçage des gâteaux

Trouvez l'inspiration dans vos souvenirs de goûters d'enfants et de gâteaux d'anniversaire. La couleur brillante du glaçage rose bonbon éveille bien des nostalgies.

rouge

Si l'on pouvait mesurer la **température** de la couleur,
le rouge atteindrait des sommets. Utilisez-le pour apporter
de la **chaleur** et du **caractère** aux pièces vides ou froides,
et de l'**assurance** aux intérieurs fades ou sans prétention.

pourquoi le rouge fonctionne bien

Puissant, vibrant, le rouge n'est pas pour les timides.
Si vous trouvez le courage de l'utiliser, vous découvrirez
une merveilleuse gamme de couleurs qui apporte
immédiatement à une pièce vie, chaleur et personnalité.
Ses associations psychologiques de force, libération et
détermination la rendent efficace partout où vous voulez
créer une impression d'énergie et de pensée positive.

Les rouges profonds créeront un fond magnifique
pour une salle à manger pleine de caractère ou un bureau
aux murs couverts de livres. Le ton groseille, plus frais
et facile à vivre, apporte une note pratique aux cuisines
et aux pièces à vivre. Un rouge plus ardent, plus insolent,
réchauffera une pièce triste avec un parfum d'aventure.
Pour une touche exotique, évocatrice des nuances épicées
de l'Afrique du Nord et des soieries d'Inde et d'Orient,
pensez à un riche ton terre cuite ou au cramoisi
sombre (voire au mariage des deux).

△ luxe

Associé à des textures sensuelles et à d'autres tons aussi riches,
le rouge, couleur des grands salons et des palais d'Orient, apporte
une divine sensation de luxe. Douceur somptueuse du velours,
tiédeur des fourrures et du daim, chatoiement des soies et des
satins répondent à sa richesse. On s'y réfugierait bien avec une
réserve de Champagne et quelques chocolats. Nul besoin d'en
introduire en grande quantité pour obtenir l'effet désiré. Si, en
décoration, vous êtes plus habitué aux tons pastel et neutres,
allez-y pas à pas. Prenez des tons chauds, crème et taupe, pour
poser tranquillement votre décor. Une fois en confiance, allez
vers des tons plus riches comme les jaunes et les ors, et faites
monter la température avec de luxueux éclats de rouge.

▽ chaleur

Le rouge produit le plus fort effet de rapprochement. Il constitue un choix idéal pour rendre une pièce plus chaude et douillette. Sa richesse vous entourera de confort, enveloppant l'espace pour créer une forte impression de sécurité et de protection. Le rouge fonctionne aussi bien avec les textures douces qui, en lui donnant plus de profondeur, empêchent qu'il ne semble plat. Optez pour des couvertures et des jetés, à superposer pour un effet chaleureux, et osez le feutre et le coton gratté, dont le fini dense et absorbant retient la lumière et la chaleur. Les jacquards rouges, dont le tissage comporte de riches motifs et textures, conviennent parfaitement pour un canapé moelleux où se lover avec délice.

△ caractère

Inutile de rechercher la discrétion avec le rouge. Cette couleur n'a pas été inventée pour cacher sa radiance. Tirez le meilleur parti de sa personnalité extravertie pour créer une pièce pleine de caractère et d'esprit d'aventure. Peint en rouge, un lieu parfaitement banal adopte une personnalité tout à fait différente, prenant de l'assurance, de l'énergie, de l'audace. Un bon éclairage (beaucoup de bougies lors de grandes occasions !) fera rougeoyer les murs et créera des ombres intéressantes. L'ajout de matériaux extravagants, comme le cristal et l'or, rendra l'ensemble encore plus théâtral. Miroirs et surfaces de métal brillant jouent un grand rôle dans les éclats et reflets de lumière. Pour les multiplier, choisissez des cadres de photo et de miroir dorés, et du mobilier de bois sombre et poli qui captera la lumière.

un salon rouge

Cette pièce montre le paradoxe très étonnant d'un rouge chaud et classique créant un intérieur frais et contemporain. L'ameublement est simple, et pourtant l'effet reste agréablement accueillant grâce au choix de cette couleur, une nuance nette au ton pur, mais qui se montre étonnamment adaptable. Sa simplicité même fait que cet intérieur fonctionne bien. Les lignes pures du mobilier et les verticales de la cheminée conviennent parfaitement à la palette pleine de caractère qui, toute riche qu'elle soit, reste extrêmement nette. L'unique ton de rouge qui habille les murs, le canapé et le petit pouf en tapisserie, contraste avec le blanc frais et piquant du plancher peint, et celui à peine plus crème de la cheminée et de la plinthe.

accents et équilibre

L'ensemble est magnifiquement proportionné. Avec environ deux tiers de rouge pour un tiers de blanc, la palette ne souffre pas de la discorde qui résulte parfois de l'emploi de deux couleurs contrastées en quantités égales. Le rouge remporte la main, mais les notes de blanc le mettent parfaitement en valeur. Combiner rouge et blanc est délicat : le contraste, trop rude, trop violent, peut gêner. La note fraîche et légère qui intervient ici permet d'éviter de tomber dans ce piège. Le rouge comporte une douce pointe de rose, visible sur le dos du canapé, là où court la lumière,

qui crée un effet plus moelleux et texturé. Il rejoint un peu le velouté des roses sur la cheminée, encore une touche qui sauve la pièce d'un excès indigeste. Les seules notes d'autre couleur sont le vert foncé des feuillages, complémentaire naturel du rouge (voir page 14), et la large bande orange du coussin, qui réussit même à faire passer le rouge pour posé et retenu en se montrant plus chaud, plus épicé encore.

centres d'attention

Dans cette pièce, détails et accessoires jouent un rôle d'équilibrage, rompant les grands volumes de couleur et créant d'autres centres d'intérêt pour attirer le regard. On y parvient grâce à la répétition d'images : des bandes semblables à des colonnes de chaque côté de la cheminée ; des pichets de roses sur son manteau ; devant, une ligne d'étoiles d'argent ; des séries de points colorés aux tons inversés sur le coussin. On trouve aussi de l'éclat dans la façon dont la lumière court sur les pichets de verre, les baies rougissantes du bouquet derrière le canapé, et même les joints d'acier luisant de la petite lampe articulée.

un escalier rouge

Voici un choix décoratif très téméraire pour un espace aussi réduit, d'autant plus qu'il s'agit de l'escalier d'entrée de l'appartement de l'étage. S'il fonctionne bien, c'est en partie parce qu'il reflète la belle assurance et le plaisir manifeste qui ont accompagné sa réalisation, et parce qu'il donne à l'entrée une personnalité très forte. Couloirs et paliers sont souvent traités en simples zones de transition, sans grand effort d'imagination. Une palette puissante et des détails créatifs font de cet escalier une pièce à part entière, non un lieu banal conduisant vers un lieu plus intéressant. Le plus étonnant, c'est que l'effet de rapprochement du rouge ne semble pas réduire l'espace, ni favoriser la claustrophobie. Au contraire, ce rouge orangé chaleureux parvient à ouvrir l'espace, attirant le regard vers le haut des marches, jusqu'au petit salon installé sur le palier. Les yeux étant captivés par cette foule de détails et de notes de couleur, on se rend à peine compte de l'étroitesse de l'escalier.

invention des motifs

L'impression d'ensemble est assez exotique, épicée, vaguement marocaine. La couleur flamboyante des murs est soulignée par le rouge plus profond du kilim et par des touches de violet et de turquoise, contraste délicieux, si vibrant qu'on en respire presque le parfum. Le marron doux violacé du plancher, la petite table trapue et les masques sculptés posés au mur intensifient ces teintes. Évocateurs de la céramique et de l'architecture d'Afrique du Nord, d'audacieux motifs peints animent l'ensemble. Une bordure raffinée évoquant des minarets cerne la fenêtre. Un joli motif en dents de scie flanque les marches de l'escalier comme autant de petits drapeaux. Les contremarches sont elles aussi peintes avec un très grand souci du détail, chacune imitant à merveille d'authentiques carreaux de céramique.

jeux de lumière

Cet escalier et ce palier formant un espace assez réduit – qui plus est envahi par une profusion de couleur –, il a été impératif de recourir à quelques astuces pour tirer le meilleur parti de la lumière disponible. Si l'on observe très attentivement les murs, on voit qu'ils présentent une finition rugueuse et texturée, proche du plâtre brut, où plusieurs nuances superposées créent un véritable effet de stuc.

Quand on rompt ainsi les aplats, la couleur devient bien plus réfléchissante. Au lieu d'absorber la lumière, elle la renvoie dans l'environnement et illumine l'intérieur. Les carrés peints à la main sous la fenêtre jouent également avec la lumière, improvisant un effet de vitraux. Les lampes en métal repoussé ainsi que la petite guirlande lumineuse, enroulée autour de branches noueuses, apportent un supplément de lumière.

décliner le rouge en quatre décors

Un rouge profond peut être audacieux et moderne, ou opulent et classique. Le style que vous créez dépend du mobilier, des textiles, des accessoires, et de la façon dont vous les associez. Toujours spectaculaire, souvent intransigeant, le rouge a une personnalité forte. Choisissez un ameublement qui résiste à son autorité naturelle.

△ splendeur baroque

Offrez-vous le luxe d'une baignoire profonde à bords incurvés et d'un vrai décor de caractère à l'ancienne. Ornée d'une frise de fleurs de lys, la baignoire en impose d'autant plus qu'elle trône sur une estrade. Miroirs et tableaux ajoutent leur opulence au rubis des murs. Le carrelage noir et blanc offre un contraste hardi.

△ confort suprême

Exploitez les tons chauds et enveloppants d'un riche revêtement rouge, en empilant sur les fauteuils et canapés quantité de textures de poil et de plume. Épais jetés de laine et coussins tricotés, douces peaux de mouton, couvertures en angora et plaids aux lourdes franges augmentent l'impression d'aisance. N'hésitez pas à superposer les matières contrastées pour un effet maximum, puis détendez-vous et profitez de tout ce confort.

△ élégance classique

Le rouge flamboyant des murs offre un magnifique fond aux tableaux anciens et aux cadres dorés, reflétant magnifiquement les flammes du foyer. Livres anciens à reliure de cuir et accessoires en laiton rappellent les intérieurs de bureau ou de bibliothèque. La finition vernis craquelé du cadre de cheminée participe au décor vieilli et classique de la pièce.

△ carreaux rustiques

Voici une version moderne du style rustique traditionnel, mobilier peint et grands carreaux apportant une note de couleur au rotin naturel et au tapis de coco. Le rouge prend des airs nets et frais sur le fond crème très doux. Il est repris par de petits détails, comme le motif toile de Jouy du polochon et son ruban vichy.

quatre nuances de rouge à explorer

groseille

Ce rouge à la fraîcheur surprenante apporte un regain d'énergie et une note de joliesse. Soutenu, mais très net, il permet de créer des contrastes pleins de caractère, dans un intérieur contemporain ou traditionnel.

- **style :** piquant, lumineux, énergisant.
- **inspiration :** cerises, baies d'hiver.
- **où l'utiliser :** dans plus d'endroits qu'on ne l'imagine ! Ce ton pur réfléchit la lumière. Même s'il est très présent, il possède une transparence qui l'empêche d'être oppressant.
- **recommandation :** ne soyez pas trop inquiet. Si vous avez opté pour le rouge, celui-ci est le plus facile à manier.
- **en association :** bois foncés, pour un effet d'opulence et de tradition. Peinture blanche et cotonnades fraîches pour un intérieur simple, de style rustique.

1

terre cuite

Ce rouge très naturel apporte une sensation de confort et d'hospitalité au lieu d'imposer sa personnalité. Sa note moelleuse et automnale le rend facile à vivre.

- **style :** chaleureux, accueillant, confortable.
- **inspiration :** sols de fermes, pots en terre.
- **où l'utiliser :** pièces à vivre et salles à manger, là où vous voulez que vos invités se sentent bienvenus. Cuisines de style méditerranéen ornées de plats en terre rustiques.
- **recommandation :** laissez-vous guider par les tons bruns naturels de la couleur, et n'essayez pas de leur imposer des rouges à note rose, ils ne trouveraient pas leur place.
- **en association :** ors et roux de l'automne, pour enrichir l'ensemble. Pour amener un contraste, des tons frais de vert, émeraude et prairie, et des nuances soutenues de bleu, saphir ou turquoise. Des teintes fleuries qui vont bien avec les pots de jardin.

2

écarlate

Traditionnellement provocateur et rebelle, l'écarlate a un côté positif en décoration. Voyez-le comme la couleur de l'assurance et de la détermination, et utilisez-le pour créer un effet original.

- **style :** épicé, plein de caractère.
- **inspiration :** coquelicots, camions de pompiers.
- **où l'utiliser :** bureaux et cuisines, pour apporter énergie et dynamisme à une pièce de travail.
- **recommandation :** cette couleur très chaude ne conviendra peut-être pas à une salle de bains, où vous souhaitez conserver une certaine fraîcheur.
- **en association :** bleus et jaunes pour une chambre d'enfants ornée de couleurs primaires. Fer forgé noir ou couleur étain pour un décor plus impressionnant.

3

bordeaux passé

Naturellement très douce, cette teinte ne recherche pas le conflit. Elle fait merveille dans les intérieurs paisibles et les décors un peu fanés, nettement moins avec des objets trop lisses et contemporains.

- **style :** doux, fané, poudré.
- **inspiration :** roses anciennes, peintures décolorées.
- **où l'utiliser :** pièces à vivre recevant la lumière du soir. Bureaux emplis de fauteuils confortables et de vieux livres. Coussins, jetés et rideaux de velours aux tons doux, damassés à motifs subtils.
- **recommandation :** sa note terrienne douce ne lui permet pas de côtoyer les couleurs vives.
- **en association :** peinture crème à l'ancienne, bois foncé et cuirs sombres. Touches vieil or et doré brossé.

4

associer le rouge aux autres couleurs

bleu

Un rouge franc a besoin de couleurs qui lui résistent. Recherchez un bleu de force équivalente qui révèlera sa personnalité. Ici, les accessoires vont d'un éclatant ton de bleuet à une teinte de jacinthe sauvage plus violette, créant une palette distincte qui contraste avec le rouge sans être dominée par lui.

vert

Le vert étant la couleur complémentaire du rouge (voir page 14), leur mariage est mouvementé. Ces tons font ressortir leurs forces respectives, mais leur combinaison est indigeste. Utilisez-les avec prudence. Mettez-les côte à côte et ils vibreront chacun comme un néon. Apportez des notes de vert pour animer une pièce rouge, ou des accessoires associant les deux teintes dans un intérieur plus neutre.

jaune

L'union de deux couleurs chaudes crée un effet riche et généreux. Elle apporte de la chaleur et crée des environnements animés et accueillants. Essayez d'équilibrer les tons or, plus opulents, au moyen de teintes pâles, citron ou primevère. Ici, les voilages pâle exploitent au mieux la lumière du jour, et l'abondance de fleurs jaunes naturelles tempère la chaleur des tons.

rose

Mélanger le rose et le rouge est assez extravagant. Prenez ces tons dynamiques à leur propre jeu, et introduisez des notes dorées pour parfaire l'effet. Tableaux, chandeliers et dorures seront du plus bel effet. Choisissez des nuances différentes, et utilisez-les là où elles vous paraissent le mieux s'harmoniser : par exemple, le rose pour un rideau en mousseline qui filtre la lumière, et le rouge plus soutenu pour un vase de fleurs éclatantes.

violet

À moins de rechercher un effet vraiment spectaculaire, il est préférable de traiter les rouges et les violets en différentes nuances et en tons dégradés plutôt qu'en aplats vigoureux de couleur. Ainsi, on fait mieux ressortir les accents roses du rouge et les notes florales plus douces du violet pour créer un ensemble paisible.

tons neutres

Pour renforcer nettement le caractère d'une pièce, pensez à introduire du rouge parmi les tons neutres, et non l'inverse. Apportez des touches rouges pour animer une pièce presque uniformément blanche ou crème. Une seule éclaboussure de rouge peut produire un effet théâtral. Essayez de mélanger quelques nuances d'écarlate et d'orange pour créer un effet de flamme plus chaleureux.

sources d'inspiration

Pas besoin de chercher très loin l'inspiration, car la palette des rouges abonde en teintes naturelles qui ont laissé leur nom à une nuance précise. Tomate, cerise, coquelicot et groseille sont des classiques, comme la teinte prune plus profonde, proche de celles du vin. Couleur traditionnelle du feu de signalisation et du camion de pompiers, le rouge évoque aussi bien les teintes campagnardes des récoltes et de l'automne que les terres cuites des pays méditerranéens. Songez aux toits de tuiles rouges, à l'éclat des géraniums sur les rebords de fenêtre. Pour des tons plus doux, pensez aux roses anciennes, aux rideaux de velours, aux reliures de cuir et à l'argile des pots de terre blanchis par le soleil.

△ vins rouges

Les splendides couleurs du vin – bourgogne, bordeaux, xérès, porto – vous proposent une riche palette de rouges classiques. Les nuances les plus sombres s'approchent du violet, les plus claires ont des tons plus frais tirant vers le rose.

◁ fleuristes

Voyez comment les fleuristes réunissent dans un même bouquet des rouges assortis : roses veloutées, anémones cramoisies et tulipes écarlates se mettent mutuellement en valeur.

△ comptoirs à bonbons

Les couleurs primaires éclatent chez les marchands de bonbons, et le rouge y reste un classique incontournable, décliné sur tous les tons, couleur par excellence des pastilles et du sucre d'orge.

△ fruits et baies

Les couleurs fraîches des fruits d'été sont d'un maniement délicieux ! Inspirez-vous des framboises, fraises, cerises et groseilles et tirez le meilleur parti de leurs surfaces d'un beau rouge luisant.

◁ salades d'été

Dans l'éventail des couleurs du maraîcher ressortent le cramoisi foncé des radis, le magenta des rougettes et le rouge orangé vif des tomates et des poivrons.

jaune

Faites entrer la **lumière** du jaune dans votre maison, et voyez comme elle modifie tout ce qu'elle touche. Fortement évocateur de l'or et du **soleil**, le jaune fait aussi penser à des **plaisirs** plus simples.

pourquoi le jaune fonctionne bien

Le jaune surprend toujours ! Chaude et lumineuse, la couleur du soleil illuminera les recoins et emplira d'optimisme votre maison. Pourtant, il peut aussi prendre une tonalité subtile, fraîche, reposante, plus que dynamisante. Ses tons les plus opulents créent un effet d'élégance classique ; ils se marient parfaitement avec les accessoires dorés. Dans ses nuances douces et délicates, il convient tout à fait au mobilier sobre et aux décors contemporains.

Très doux, les jaunes sont aussi faciles à assortir et à mélanger. Un or ardent, un citron vif et un primevère doux, qu'on pourrait croire en conflit, fonctionneront bien ensemble. Cela vous autorise à inventer à partir d'une palette monochrome des gammes d'une grande richesse et d'une grande profondeur. Dans sa teinte la plus subtile, à peine plus coloré que le crème, il fonctionne très bien comme neutre, pour souligner les blancs purs comme les couleurs plus franches.

△ richesse

En toile de fond, cette teinte lumineuse met très bien en valeur le mobilier et les objets décoratifs, qu'ils soient anciens ou plus contemporains. Les tableaux à cadre doré prendront un air opulent et majestueux, les agencements modernes et le métal plus froid ressortiront avec une sobre élégance. Couleur puissante, mais claire en comparaison avec le reste du spectre chromatique, le jaune reflète merveilleusement la lumière. Il rend bien dans les sous-sols, rez-de-chaussée et pièces orientées au nord. Là où d'autres couleurs réfléchissantes plus froides renverront la lumière dans la pièce, le jaune l'attire presque comme un aimant, la capte, puis semble émettre ses propres rayons de soleil. Il y a un certain défi à utiliser les jaunes opulents, à l'effet audacieux et dynamisant. Pensez aux épices exotiques, cannelle et safran. Imaginez la chaleur d'un caramel au beurre. Et laissez-les enrichir votre décoration.

▽ harmonie

Si l'idée du jaune vous semble trop hardie, optez pour les nuances plus douces, qui font moins d'effet, mais apportent leur note d'élégance sereine. Rien de risqué, ni d'arrogant avec ces teintes pâles. Primevère ou sorbet citron par exemple sont délassants et apaisants, parfaits pour les salons et les chambres. Associés à un mobilier charmant et subtil, ils créent des intérieurs raffinés. Ajoutez des crème et des blancs doux pour obtenir un ensemble plus froid, moins dynamisant. Leur voisinage fera fondre le jaune dans un ensemble coloré qui paraîtra uniforme, auquel vous pourrez apporter, si vous le désirez, quelques éclats plus audacieux : roses et orangés pour réchauffer la pièce, bleus et verts pour accentuer sa fraîcheur sereine. Dans ce genre de cadre, même les touches vibrantes de l'or prendront un air raffiné, pas du tout tape-à-l'œil.

△ fraîcheur

Les couleurs des fleurs naturelles ont toujours un aspect frais et charmant. Le jaune des fleurs de printemps, première couleur à illuminer les jardins après l'hiver, réussit particulièrement à faire entrer chez soi une impression de jouvence et de renouveau. Allié naturel des motifs floraux, le jaune s'assortit bien à toutes sortes de feuillages, en mélange sur les tissus ou les papiers peints, ou dans les frais bouquets de fleurs et de verdure. Net, évoquant le printemps, le jaune a en lui une fraîcheur informelle qui s'accorde bien au décor pratique de la cuisine. Essayez-le en tissu rayé ou à carreaux pour apporter une note campagnarde. Merveilleusement lumineux et accueillant, il est aussi idéal pour l'entrée. Rien de tel qu'une entrée d'un beau jaune soleil pour créer une première impression sympathique.

◁ **L'or des cadres rehausse la chaleur lumineuse des murs jaunes, que vient souligner le blanc de la baignoire et des joints de carrelage.**

▷ **La fantaisie du sol en mosaïque apporte un contraste décoratif aux grands aplats unis des murs.**

une salle de bains jaune

Le jaune n'est pas forcément la première couleur qui vient à l'esprit pour décorer une salle de bains, car il n'évoque pas l'eau comme peuvent le faire le bleu ou le vert, ni la pureté fraîche du blanc. Pourtant cette salle de bains donne envie de s'attarder, prolongeant la détente dans la chaleur de ses murs. Pas le moindre soupçon de froid. On ne pourra jamais accuser une salle de bains jaune d'être froide ou peu accueillante. On évite le risque que la pièce prenne un aspect clinique.

nuances et textures

Mis à part le sol multicolore et l'extérieur bleu profond de la baignoire, le jaune est ici plutôt présent ! Il n'est toutefois pas trop envahissant, car plusieurs surfaces viennent le rompre et il se décline dans différents tons. Les murs, le plafond, les boiseries et le carrelage contribuent à apporter différentes nuances. Les carreaux de céramique y ajoutent leur texture. Leur fini brillant reflète la lumière, mais leur surface mouchetée crée des effets d'ombre, alternant zones claires et taches plus soutenues.

Le sol en mosaïque est fait de centaines de petits carreaux richement colorés, assemblés dans l'intention de créer un effet d'optique. Vu de loin, on a un motif puissant et audacieux qui contraste avec tous les unis de la pièce. En s'approchant, on découvre qu'il se compose en grande partie de tons de jaune

et d'or, parsemés de bleu profond pour davantage de personnalité. Jaune, ocre, abricot, terre cuite ou encore roux, autant de teintes très naturelles et terriennes qui se mêlent harmonieusement. Les accents bleus, rappel d'un ciel de Méditerranée, créent bien astucieusement le lien entre sol et baignoire.

détails décoratifs

Non encastrée, la baignoire aux pattes griffues apporte sa touche de luxe. Ce genre de forme généreuse, profonde, à bords incurvés, fait du bain un vrai moment de plaisir, mais donne aussi à la pièce une allure plus meublée, différente d'une banale installation sanitaire. Faire de la baignoire un élément de mobilier, la choisir pour son élégance et ses proportions autant que pour sa fonction, permet de voir la pièce sous un angle différent, et ouvre votre imagination à de nouveaux concepts de décoration intéressants. Les tableaux et miroirs des murs font sentir qu'on vit vraiment dans cette pièce. Leurs cadres opulents ressortent très joliment sur le ton chaud des murs. Les pattes griffues de la baignoire introduisent une belle note de métal ouvragé sur le sol de mosaïques. Leur or apporte une touche finale d'opulence.

un salon jaune

Ce salon est un brillant exemple de la façon dont les différentes nuances de jaune et d'or se mélangent avec succès. De primevère tendre à orange lumineux, en passant par le vieil or et l'éclat du tournesol, presque tous les tons figurent dans cette pièce. Ils s'harmonisent pourtant avec une grande souplesse, offrant du contraste et de la variété, ainsi qu'une merveilleuse impression d'hospitalité et d'irrésistible confort. Comme toutes ces nuances parviennent à créer entre elles un fond à tonalité presque unie – un jaune moyen plein de chaleur –, la pièce peut être garnie d'un grand nombre d'objets du quotidien sans donner une impression d'encombrement. Cet effet est même renforcé par les matières naturelles : vannerie des paniers, rotin du fauteuil, précieux grain de bois de la table basse, tous reprennent les tons or plus foncés. Même le cadre de cheminée en grès, au ton pourtant plus froid et sourd, montre une pointe de jaune.

lignes élégantes

Le jaune est la moins datée de toutes les couleurs. D'autres semblent appartenir à une époque très précise et peuvent être difficiles à adapter à un usage nouveau. Ce n'est pas le cas du jaune. Ôtez les meubles, vous avez un fond qui pourrait convenir à n'importe quelle période. Cette couleur est en effet chargée d'une élégance classique tout comme d'un dynamisme actuel.

Le jaune se décline avec autant d'assurance et de subtilité dans l'ameublement traditionnel que dans le contemporain. Rustiques cérusés ou brillants en surfaces lisses, ses tons clairs et énergisants ont une élégance naturelle facile à vivre. Elle trouve ici un écho dans les lignes classiques du cadre de cheminée, les portes-fenêtres doucement arrondies et les formes décoratives des lettres dorées.

accents neutres

Ce qui donne à la palette son supplément de profondeur, c'est la variété des textures. Plaids et jetés épais, organza des voilages, soies, broderies, vannerie, métal lisse luisant, surfaces mates des pots en terre et de la pierre, tout cela apporte nuances et textures, et enrichit l'ensemble. La moquette offre sa base veloutée, les étagères de la niche créent des ombres, soulignées par la large bande plus pâle de leur tranche. Il semble à peine croyable qu'une seule couleur puisse susciter autant d'intérêt, mais la souplesse de la gamme des jaunes permet cet effet, ainsi que l'emploi judicieux des nuances neutres, qui crée juste assez de contrastes subtils sans trahir la palette. Par exemple, la moquette claire choisie en accord avec le ton pierre de la cheminée équilibre efficacement tous les autres tons chauds de la pièce, alors que, çà et là, des accessoires crème ou blanc apportent une touche plus froide, rafraîchissante, contrastant avec la richesse onctueuse de l'ensemble.

décliner le jaune en quatre décors

Couleur de soleil et de gaieté, toujours bon pour le moral, le jaune a aussi un côté plus doux. Sa chaleur naturelle en fait l'une des couleurs les plus accueillantes pour une pièce.

Choisissez-le pour son aptitude à diffuser la lumière, puis ajoutez les accessoires et touches de couleur appropriés pour adapter l'ambiance au style de la pièce.

△ chaleur naturelle

Laissez s'exprimer toute la gamme des tons sur fond jaune. Variez-les pour créer des contrastes au sein d'une palette toute simple. La chaleur accueillante de cette cuisine vient du riche ton crème des meubles combiné au jaune soutenu des rideaux et de la vaisselle. Même les ingrédients sur les étagères jouent un rôle : pots de miel ambré et de sucre doré apportent la richesse de leurs tons.

△ opulence moderne

Le jaune est une couleur si intemporelle qu'il permet de créer une ambiance luxueuse dans un cadre contemporain aussi bien que classique. Cette pièce joue de toutes les astuces pour refléter la lumière dorée des murs. Support d'un immense miroir qui renvoie la lumière dans la pièce, la cheminée s'orne de quantité d'objets dorés, dont une frise horizontale de carrés or et cuivre dorés à la feuille.

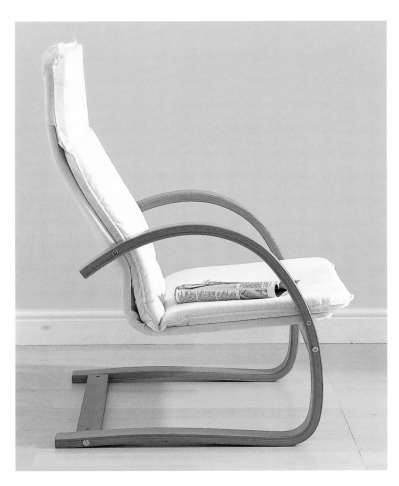

△ simplicité des lignes

Ici, le caractère presque neutre du jaune s'exprime pleinement. Certes, le mur est peint d'un ton puissant et lumineux, mais en plaçant devant ce fauteuil contemporain à la forme minimale et aux tons naturels tout en retenue, on neutralise en quelque sorte la couleur. Le jaune en perd son puissant caractère, à tel point qu'il se marie au bois pâle du plancher, créant un fond très doux au lieu d'un contraste affirmé.

△ or du matin

Il fait bon se réveiller dans le jaune, couleur porteuse par excellence. Vivant, dynamisant pour démarrer la journée, il reste joyeux à tout autre moment. La palette de cette chambre associe les ors les plus riches à des pointes de rouille plus soutenue, pour le couvre-lit et les coussins, et des tons crème plus doux pour la table de chevet et le pied de lampe.

quatre nuances de jaune à explorer

or

Une couleur pour vous réveiller et vous garder tonique !
Cette nuance riche et chaleureuse reflétera la lumière du
matin et créera un brillant effet de soleil tout au long de
la journée. Elle éclaire bien les pièces sombres ou orientées
au nord. Elle offre aussi un excellent fond aux tableaux.

■ **style :** lumineux, riche, ensoleillé.
■ **inspiration :** tournesols, jaune d'œuf, soleil du Midi.
■ **où l'utiliser :** partout où vous souhaitez réchauffer
un lieu plutôt morne. Ce ton remplira la pièce de soleil
toute l'année.
■ **recommandation :** dans une chambre, vous devrez
supporter son caractère « éveillant » prononcé. Ce ton
n'est pas fait pour promouvoir le repos, ni la tranquillité.
■ **en association :** bleus et verts méditerranéens, roses
ardents et violets soutenus.

1

citron

Ton revigorant à la couleur intense, ce jaune semble irradier
la lumière. Il comporte une note plus verte qu'orange, il se
marie donc bien avec les verts naturels et les tons pierre.

■ **style :** acidulé, frais, pétillant.
■ **inspiration :** agrumes, sorbets et granités.
■ **où l'utiliser :** cuisines, pour maintenir une ambiance
fraîche et active. Salles de bains, pour recharger vos
batteries. Cette couleur est tout à fait dynamisante !
■ **recommandation :** soyez prudents avec les chambres
et les pièces à vivre, où ce ton pourrait être un peu acide,
et dans les entrées, où il pourrait donner une première
impression un peu agressive de la maison.
■ **en association :** roses et violets pour en accentuer
l'énergie. Pierre mate pour l'apaiser. Bleuet pour en
équilibrer la chaleur.

2

beurre frais

Plus profond, ce jaune crée une impression plus chaude.
Il ouvre moins d'espace mais, accueillant et enveloppant,
il est idéal pour les pièces où vous recherchez la détente,
ou dans lesquelles vous recevez.

■ **style :** naturel, chaleureux, confortable.
■ **inspiration :** sable, miel, champs de blé.
■ **où l'utiliser :** la plupart des pièces à vivre. C'est une
nuance agréable bien adaptée au confort quotidien, avec
une belle note chaude qui réveille les pièces le soir.
■ **recommandation :** toute cette chaleur, tout ce soleil
seront peut-être trop riches pour une pièce qui reçoit déjà
beaucoup de lumière naturelle.
■ **en association :** blanc, crème, tons neutres chauds.
Bois naturel, osier.

3

primevère

Les doux tons pastel sont les jaunes les plus reposants à
utiliser. Leur pâleur s'associe bien avec les autres couleurs.
Parce qu'ils sont très clairs et tirent vers la partie la plus
froide du spectre chromatique, ils donnent une impression
de recul, faisant apparaître les pièces plus grandes.

■ **style :** clair et joli, facile à manier.
■ **inspiration :** primevères, glace à la vanille.
■ **où l'utiliser :** chambres, pièces à vivre, cuisines rustiques.
Pour remplacer le crème lorsque vous désirez un ton plus
riche et profond qu'un neutre pur.
■ **recommandation :** ne soyez pas inquiet, il est assez doux
pour ne poser aucun problème.
■ **en association :** rose, bleu doux, turquoise en harmonie.
Violet et aubergine en contraste. Jaune plus soutenu, pour
faire ressortir ses notes riches.

4

associer le jaune aux autres couleurs

bleu

Le mariage du bleu et du jaune crée toujours un impact : plus les tons sont hardis, plus l'effet est spectaculaire. Ici, nous voyons un emploi audacieux de deux tons extrêmement riches. S'opposant sur des murs voisins ornés d'une collection de tableaux et de miroirs aux cadres ouvragés, les deux couleurs s'intègrent à l'arrière-plan plutôt que de devenir le centre d'intérêt du décor.

vert

Mélange naturel des jardins, couleurs voisines sur le cercle chromatique, vert et jaune s'accordent bien. Les tonalités plus fraîches et reposantes du vert apaisent l'effet énergique du jaune, mais les deux couleurs ont assez de points communs pour se côtoyer sans contraste gênant. Cependant, le vert ne possède pas assez de force pour compenser le jaune ; ajoutez quantité de blancs ou de tons neutres pour empêcher le jaune de dominer la pièce.

rose

Jaune et rose créent un mélange frais et contemporain. Pleine de personnalité, cette palette fait monter la température, les deux couleurs provenant de la partie chaude du spectre chromatique. Le fuchsia employé ici est soutenu, mais comme ce jaune est une primaire pure et qu'elle occupe délibérément une grande surface, il a assez de profondeur pour garder sa place. Le contraste est audacieux, mais il fonctionne, car on a limité la proportion de rose.

violet

Union audacieuse ? Pas tant qu'on l'imagine. Le violet, mélange de rouge et de bleu, est en effet la complémentaire naturelle du jaune (voir page 14). Pensez aux violettes qui côtoient les primevères au printemps, aux fleurs pourpres des pensées arborant leur cœur jaune. Le coussin au ton soutenu apporte de l'opulence et du caractère, le lilas plus doux une note tendre et romantique.

rouge

Rouge et jaune francs peuvent jurer et s'avérer impossibles à vivre. Pour plus de sécurité, optez pour un rouge rosé moins dur (voir page opposée, en bas) ou un terre cuite délavé, comme le fond utilisé ici. Associez-le à un jaune ensoleillé ou doré pour que les deux nuances s'harmonisent, chacune faisant écho à la lumineuse chaleur de l'autre.

tons neutres

Les jaunes rendent mieux quand on les souligne de tons blancs et frais. Le choix fait ici est intéressant et crée un décor subtil. Le jaune le plus soutenu est en fait celui du parquet doré ; les murs sont peints d'un ton sable plus pâle. Le canapé grège apporte un ton neutre à cet ensemble tout en retenue, mais néanmoins chaleureux, combinaison heureuse pour une pièce plutôt froide ou triste.

sources d'inspiration

Le jaune a en lui quelque chose qui donne aux pièces, et aux personnes, une bonne humeur immédiate. Fiez-vous donc à votre intuition et notez les nuances qui vous intéressent partout où vous en trouvez. Les décors naturels fournissent une foule d'idées : soleil et plages blondes, champs de maïs, feuilles d'automne… Vous trouverez aussi l'inspiration dans les couleurs artificielles et les accessoires modernes. Observez le dos jaune des livres sur une étagère, un empilement de pull-overs jaunes dans une boutique. Souvenez-vous que c'est une couleur d'enfance, débordante de vie et d'énergie, et faites-vous plaisir : optez pour les tons acidulés du marchand de bonbons, notez les teintes vives des jouets et des gadgets en plastique encombrant les étagères des salles de jeux.

△ fêtes d'enfants

Regardez comme le glaçage des gâteaux et les gelées éclatantes se mêlent joliment sur une table de fête. Les jaunes comestibles ont un côté rafraîchissant et tonique.

▷ éclat des baies

Parmi le rouge familier des baies, découvrez des ors, des crème moins habituels. Ces surfaces luisantes qui renvoient la lumière font ressortir le côté opulent et luxueux des jaunes.

△ magasins de tissus

Pour animer une pièce à vivre printanière, prenez les jaunes les plus frais et des cotons pimpants. Vichys, rayures multicolores, pois et bouquets de fleurs se marient bien avec la note lumineuse et joyeuse du jaune.

△ fleurs de printemps

Laissez-vous guider par le jaune en bouton, en pousse et en pétale, et par les riches nuances des cœurs saupoudrés de pollen des fleurs d'autres couleurs. C'est la couleur de la joie, de l'optimisme et du renouveau : n'hésitez pas à inonder votre maison de son soleil.

▷ trouvailles domestiques

Parfois un seul objet peut engendrer toute une palette. Recherchez les gadgets et appareils colorés qui vous attirent. Ne partez pas du principe qu'un objet utilitaire doit avoir une couleur fonctionnelle. Éclaboussez votre intérieur de teintes plus créatives, intégrez-les à votre décoration.

vert

Frais et **rajeunissant**, le vert est la couleur du **bien-être**, de la fertilité, des feuillages de printemps et des **prairies** d'été. Apprenez à goûter sa nature apaisante. Utilisez-le pour apporter un peu de **renouveau** à des pièces fatiguées.

pourquoi le vert fonctionne bien

Pendant des années, le vert a fait figure de parent pauvre en décoration. On ne le trouvait pas aussi frais que le bleu, ni aussi joli que le rose. Il appartenait davantage à l'univers du plein air qu'au décor intérieur. Ce mythe a aujourd'hui fait long feu. La palette des verts est reconnue comme une des plus paisibles et sereines pour orner une maison. Bousculant tous les vieux préjugés avec son impressionnante adaptabilité, le vert peut se faire tendre et joli, audacieux ou piquant. Profond, il rappelle les feuillages ; nuancé de mille teintes argentées et subtiles, il évoque la mousse ou le lichen. Faites-vous plaisir en jouant de toutes ces possibilités. Amusez-vous avec des accessoires qui déclinent cette palette intéressante. Quand vous choisissez vos teintes, prenez soin de toujours faire vos essais sur des surfaces assez grandes, car le vert peut être trompeur en petite quantité et sous un autre éclairage.

△ adaptabilité

Plutôt nouveau venu dans la gamme décorative contemporaine, le vert a fini par se faire reconnaître comme étant une des couleurs les plus adaptables de la palette. On le verra donc aussi bien sous forme de tons classiques de peinture et papiers peints décoratifs que de vichy rustique, de tissus écossais ou d'audacieux imprimés modernes et abstraits. Il suffit souvent de peu de chose pour changer sa personnalité : modifier la nuance, apporter une finition ou un détail. Les textures jouent ici aussi un rôle. Le vert s'adapte bien aux variations de texture : lisse, luxueux sous forme d'opulent velours ; commode et pimpant en carreaux de laine épaisse ; subtil mais résistant dans le robuste coutil. Cette belle souplesse le rend remarquablement facile à vivre. Essayez donc différentes teintes et motifs pour découvrir le mélange qui ira le mieux avec votre intérieur.

▽ calme

Plus que toute autre couleur, le vert engendre le calme. Quelles que soient ses variations de teinte, évoquez-le dans un environnement de plein air, jardin ou campagne, et il s'harmonisera avec des dizaines de tons de fleurs et de feuilles. Les peintres vous diront que la couleur de l'herbe comporte une quantité étonnante de bleu, et qu'il est impossible de rendre les feuilles par une nuance standard de vert. Cette impression d'équilibre de la nature fait du vert un fond serein pour une chambre ou une pièce à vivre, où il créera une ambiance propice à la méditation. Pour conserver cette sensation de calme, n'ajoutez pas de touches de couleur trop vives, restez au contraire dans les teintes douces et les nuances ton sur ton qui se mêlent sans heurt, notamment les crème et les neutres, qui soulignent la tonalité « nature » du vert.

△ fraîcheur

Le vert fait entrer le jardin dans la maison, emplissant les pièces d'une sensation de plein air, donnant aux volumes intérieurs une petite allure de jardin d'hiver ou d'orangerie. Si vous choisissez la bonne nuance, le vert abandonne son caractère apaisant pour devenir vivant et régénérant, débordant d'idées de renouveau et de croissance. Dans ses tons tropicaux, il se montre festif et vibrant de lumière. Pensez aux nuances fruitées et acidulées pomme et citron vert, à la splendeur d'une pelouse brillant sous la rosée de l'été. De nombreuses nuances du vert apportent la fraîcheur : exubérante, vivifiante pour celles qui tirent vers le jaune, pimpante et aquatique pour celles qui tirent vers le bleu. Les plus fraîches font merveille pour revivifier un lieu de travail comme la cuisine. Elles créent aussi une ambiance rafraîchissante et nette dans une salle de bains ou un endroit où l'on vit le jour. Faites-en l'essai dans des pièces qui ne reçoivent pas beaucoup de soleil, et voyez comme elles semblent plus claires.

◁ Frais et reposant, ce vert menthe translucide crée un environnement élégant aux notes légèrement orientales pour recevoir assiettes décoratives et simples bouquets de fleurs.

▷ Les motifs floraux un peu plus soutenus soulignent le vert pâle et lui donnent plus de profondeur, mais ne sont pas assez présents pour apparaître comme un élément décoratif à part entière.

un salon vert

Cette nuance de vert légèrement acidulée et translucide est à la fois reposante et raffinée, un excellent choix pour une pièce à vivre. La pièce sert à toute heure du jour, donc la teinte choisie doit s'adapter à ses différents usages et aux variations de lumière sans pour autant perdre sa personnalité ou sa note essentielle. Ce vert possède une luminosité presque orientale. Clair, et pourtant riche, frais mais lumineux, c'est une teinte merveilleusement liquide. Sa remarquable pureté de ton offre l'environnement idéal pour des éléments et accessoires dans d'autres nuances de vert ou dans des couleurs opposées de la gamme des pastels.

toile de fond

Le vert fonctionne particulièrement bien en toile de fond pour mettre en valeur des objets décoratifs. Sa forte personnalité souligne brillamment tableaux et photographies. Si vous hésitez à choisir quelles couleurs apposer sur le vert, vous pouvez opter pour une valeur sûre, la présentation monochrome. Disposée avec soin sur ce remarquable fond vert, une collection de photographies noir et blanc fera de votre pièce une galerie d'art improvisée. Pour un effet plus classique, vous pouvez choisir des reproductions de gravures noir et blanc pour recréer un « cabinet d'estampes » si prisé au XVIIIᵉ siècle : sur un mur richement coloré, on colle les images dans un arrangement formel, puis on les relie entre elles au moyen de papier décoratif. On peut trouver dans les boutiques de décoration des papiers ornementaux reproduisant en trompe-l'œil cordons de soie, faveurs, rosettes et pompons.

Ne craignez pas d'introduire d'autres couleurs. Contrastes forts ou grande surface ne sont pas nécessaires. Inspirez-vous du jardin, et cherchez les tons de fleurs qui s'accordent avec bonheur aux verts du feuillage. Lilas et rose doux sont parmi les plus faciles à associer, comme dans les motifs de la collection d'assiettes ci-contre. Faisant écho à la palette naturelle des fleurs – tulipes dans l'âtre, roses sur la cheminée –, la porcelaine reprend une gamme de nuances florales et les mêle à des verts de feuilles, qui contrastent en douceur avec le ton plus frais, plus bleu, du mur.

accessoires naturels

Calme et reposant, ce vert crée une atmosphère d'élégance très détendue. Il est donc essentiel de conserver cette simplicité avec l'ameublement, et de ne pas trop encombrer la pièce. Le parquet en bois naturel reste net et discret. Les tons neutres du mobilier sont ravivés par une douce note de couleur et par quantité de textures différentes. Couvertures de laine et habillage des sièges en lin rustique contrastent avec la pierre lisse du cadre de la cheminée et le dos arrondi du petit fauteuil décoratif.

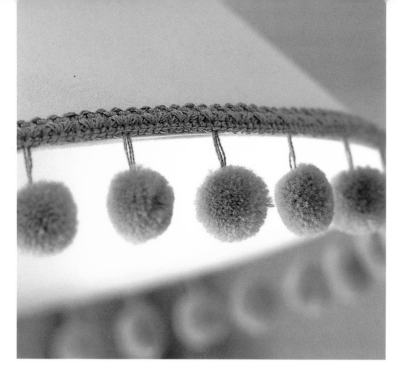

une chambre verte

On peut créer de nombreuses teintes contrastées en intensifiant ou adoucissant une seule nuance de vert. Cela permet de comparer une grande variété en partant d'une palette relativement limitée. C'est la simplicité de la couleur qui offre à cette chambre son allure naturelle et paisible. En partant du ton pomme clair, couleur de jardin qui épouse à merveille l'ameublement de style rustique, la palette se construit ton après ton, avec de tendres accents, évocateurs de mousse, et des nuances de feuille plus soutenues. L'effet d'ensemble est doux et reposant la nuit, frais et diffusant la lumière le matin, décor irrésistible pour une chambre qui joue jusqu'au bout la carte romantique.

contrastes et douceur

Cette palette comporte une note à l'ancienne, qui offre un cadre idéal à un ameublement traditionnel, comme le lit à baldaquin. Ce lit est un bon prétexte pour introduire quantité de textiles, qui contribueront aussi à la gamme des couleurs. Parure de lit, jetés et oreillers s'y superposent pour apporter des contrastes subtils. Vichys et broderies ajoutent de la profondeur au cadre uni. Les drapés de voile ou de mousseline aident à filtrer la lumière tout en apportant une note romantique. Suspendus autour du lit, ils captent la lueur des murs, dont ils laissent entrevoir la couleur à travers leurs mailles. Ainsi, leur blanc pur se marie au fond vert

plutôt que de contraster durement avec lui. Pour la même raison, on a peint le cadre du lit avec une lasure mate et douce, qui laisse voir en transparence les veinures du bois, plutôt que de les cacher sous une couche de blanc brillant.

textures et accents

Regardez de plus près, vous verrez comment une palette bien choisie et un ameublement judicieusement pensé peuvent modifier l'aspect et l'architecture d'une pièce. La fenêtre montre que nous sommes dans un immeuble moderne, et pourtant les couleurs et accessoires créent une ambiance rustique et traditionnelle. Un fin panneau travaillé peint cache le radiateur. On a posé dans un angle des étagères pour présenter de jolies céramiques. L'apport de textiles variés et de surfaces nouvelles augmente l'impression de confort bucolique. Lin frais, mousseline, motifs plus présents des rideaux contribuent à la diversité. D'autres éléments comme des paniers de rangement et le galon aux pompons moelleux diversifient les centres d'intérêt. Pour accentuer la note, on peut introduire du simple calicot crème, dont la surface rustique mettra parfaitement en valeur la légèreté du voilage. Une broderie anglaise à motifs ajourés délicats apportera encore plus de caractère. Pour une touche d'autre couleur, on pourra choisir à l'occasion un accessoire fleuri à tons roses.

décliner le vert en quatre décors

Le vert pâle a une nature paisible et adaptable qui se marie bien avec les bois naturels et les tons floraux. Il conviendra aussi à un décor minimal plus froid. Associez-le à de jolis pastels pour un intérieur à l'ancienne, de style rustique, ou aux lignes pures du chrome et du verre pour créer une ambiance fonctionnelle et contemporaine.

△ romantisme suranné

Prenez un vert frais comme fond pour les tissus traditionnels, lin à carreaux, fine dentelle, chintz à fleurs et pimpant coton blanc. Cet ensemble convient parfaitement aux chambres et pièces à vivre. Ornez le mur d'une couronne de roses séchées ou d'une discrète collection de gravures florales ou d'aquarelles. Disposez sur un plateau napperons et jolie porcelaine. Ajoutez un bouquet de fleurs fraîches pour une touche finale parfumée.

△ modernité lisse

Pour créer un décor net et contemporain, associez un papier peint pâle au contreplaqué et au chrome brillant. Parfait pour le bureau – chez soi ou au travail –, la cuisine, les couloirs, cet ensemble possède une note fonctionnelle et pratique qui attire le regard et détend l'esprit. Optez pour un mobilier aux lignes épurées, sans ornementation superflue. Complétez-le avec des détails et accessoires, étagères en bois clair, pieds de lampe et classeurs en acier, qui accentueront ses lignes élégantes et pures et apporteront un contraste à la note plus traditionnelle du papier peint à motifs.

△ charme bucolique

Laissez-vous guider par le caractère naturel de cette couleur. Prenez-la pour base d'une collection rustique de plantes en pot et de porcelaines simples décorées à l'éponge. Peinte en vert mat sur un fond de roses à l'ancienne, cette étagère rustique offre un arrière-plan très doux aux teintes automnales et terriennes des vieux livres en cuir et des pots de terre patinés, ainsi qu'aux verts naturels des cactées et des fleurs sauvages.

△ élégance classique

Le vert pâle fonctionne admirablement bien avec les tons neutres et doux pour créer des intérieurs ensoleillés, emplis de lumière. Choisissez les plus jolis tons de crème et de blanc pour les tissus d'ameublement, le sol et les accessoires, ainsi que des bois décapés ou peints en blanc. Ainsi, l'effet de détente ne sera pas rompu par la masse d'un mobilier sombre. Si vous souhaitez ajouter un clin d'œil ou une note accentuée, des touches complémentaires de roses et de rouges doux (voir pages 112–113) apporteront un zeste de couleur.

quatre nuances de vert à explorer

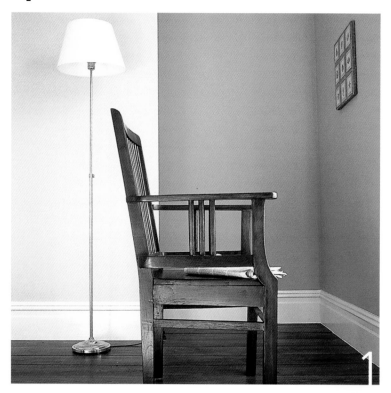

mousse

C'est une couleur à l'ancienne, mais son aspect très proche de la nature la rend confortable à vivre. Elle ne conviendra pas pour une pièce où on voudra se sentir dynamisé et revigoré. En revanche, elle crée des décors reposants, adaptés au mobilier traditionnel.

- **style :** sobre, traditionnel, paisible.
- **inspiration :** forêt, jardins ombragés, consommé d'asperges.
- **où l'utiliser :** salles à manger raffinées ; bureaux aux murs tapissés de livres. Salons traditionnels ornés de tableaux à cadre doré et de vitrines à porcelaines.
- **recommandation :** ce vert soutenu peut assourdir un décor, veillez à ajouter quantité de notes fraîches et subtiles, tons crème ou roses très pâles.
- **en association :** crème, cuirs anciens, meubles et parquets foncés.

1

pomme

Si pour vous le vert est la couleur naturelle de la campagne, en voici une nuance caractéristique. Joli et doux, il renvoie bien la lumière, et s'adaptera aussi aisément à un ameublement contemporain que traditionnel.

- **style :** pur, frais, apaisant.
- **inspiration :** granny-smith, feuilles de saule, têtes crémeuses de l'alchémille.
- **où l'utiliser :** presque partout. Cette nuance, surtout avec un effet délavé comme pour ce cabinet de toilette, est extrêmement adaptable et reposante. À essayer dans une chambre de style rustique, une salle de bains, une pièce à vivre.
- **recommandation :** veillez à ce que la pièce ne devienne pas trop jaune. Apportez des notes contrastées si nécessaire.
- **en association :** rouges, roux et verts profonds de l'automne ; nuances pastel claires et estivales.

2

jade

Avec sa pointe vert Nil, cette élégante nuance est fraîche et contemporaine. Couleur d'été, à personnalité affirmée. Un style en soi !

- **style :** serein, rafraîchissant, avec quelque chose d'oriental.
- **inspiration :** lacs de montagne, peppermint.
- **où l'utiliser :** chambre, ornée par exemple d'un futon et d'un paravent ornemental. Salle de bains, pour tirer le meilleur parti de sa note aquatique et translucide. Séjour, notamment une pièce ouverte sur le jardin.
- **recommandation :** n'y associez pas des tons trop francs, ils détruiraient cette nuance délicate.
- **en association :** blanc, bois clairs comme le bambou, laque noire raffinée.

3

prairie

Plein de vigueur, ce ton moyen de vert se tient en équilibre entre le classique et le contemporain. Il montre une densité similaire à certains tons de peinture classiques du XIXe siècle, mais avec une petite note légère qui le rend plus adaptable.

- **style :** énergique, net, stimulant.
- **inspiration :** : feuilles de printemps, pelouses d'été.
- **où l'utiliser :** cuisines ; en mélange avec le crème pour un décor de cellier. Séjours orientés au sud ou bien éclairés.
- **recommandation :** faites un essai sur une zone assez étendue avant de vous engager, car l'effet est difficile à évaluer sur une petite surface.
- **en association :** crème, bleus, roses, violets, la plupart des tons de fleurs se marieront bien avec cette nuance semblable à celle de leur environnement naturel.

4

associer le vert aux autres couleurs

rouge

Ces verts à pointe de jaune ont très peu d'impact si on ne les souligne pas, pour les raviver, d'un éclat de leur complémentaire, le rouge (voir page 14). Une touche suffit. Un unique coussin rouge au milieu d'autres rehaussera leurs teintes douces et discrètes, apportant au canapé accent et précision, comme la ponctuation donne son sens et sa structure à la phrase.

tons neutres

L'accord des verts et des neutres se trouve déjà dans la nature. Ici, on a mêlé des nuances de pierre et de crème pour créer l'équilibre entre tons chauds et tons froids. La nuance grisée des poteries fait écho à la fraîcheur vert Nil du canapé ; le ton crème des coussins et de la lampe ajoute une note plus chaude.

violet

Voici un mariage très reposant de deux couleurs secondaires (le vert est un mélange de bleu et de jaune ; le violet, de rouge et de bleu) pour un résultat tout en douceur, bien plus subtil que l'affrontement de deux primaires. Il évoque aussi des nuances fleuries. Pensez au lilas, à la lavande sur fond de feuilles vertes, et vous saisissez pourquoi le vert et le violet s'unissent avec tant de naturel.

bleu

En déclinant les deux couleurs vert et bleu, cette cuisine présente une palette fraîche et bucolique où aucune ne domine, mais où chacune tient bien sa place. Du côté des bleus, on a un marine très foncé, un cobalt éclatant et un turquoise plus clair. Les verts sont représentés par de lumineux tons feuille et un olive plus sourd pour la cafetière et le tapis. Le résultat est un équilibre confortable, sans contraste dérangeant.

rose

L'ajout de quelques renoncules d'un rose soutenu souligne à merveille les têtes mousseuses de ces boules-de-neige vert pâle. Comme le rose est une nuance adoucie de rouge, complémentaire naturelle du vert (voir page 14), les deux couleurs se rehaussent l'une l'autre, mais sans s'affronter aussi crûment que le feraient un vert et un rouge franc.

jaune

Dans cette cuisine, le vert est déjà si frais, si acidulé, qu'ajouter du jaune ne fait que souligner ses nuances plus claires. Le tissu du rideau simple de la fenêtre finit par incorporer le jaune, comme si une des couleurs s'était superposée à l'autre pour créer un effet de peinture à deux tons. Dans cet esprit, on a associé les deux couleurs sur les carreaux de céramique disposés en damier qui relient les meubles jaunes aux murs verts.

sources d'inspiration

Le monde fourmille de tons de vert. Campagne, forêt et jardins regorgent de tant de nuances naturelles qu'on a du mal à en faire le tour. Feuillages, fougères, tiges, herbes mêlent à profusion leurs teintes particulières. Comme chacune de ces teintes est naturelle, elles ne semblent jamais s'affronter, même dans les mélanges les plus détonants. Goûtez cette saturation de couleurs, puis apprenez à distinguer les nuances : l'argent pâle de la sauge, l'éclat insolent de l'herbe, le ton foncé des aiguilles de pin. Réfléchissez à l'endroit où vous pourriez les utiliser. Regardez aussi les fruits ou les légumes : bleu vert sombre des feuilles de chou, fraîcheur luisante du cresson, éclat du citron vert, lumière pâle du raisin.

△ feuilles du jardin

Arbres et plantes offrent un vaste éventail de verts naturels. Appréciez la variété des couleurs et des textures présentes dans une simple bordure de plantes, de l'argenté au vert forêt sombre.

◁ salades et fines herbes

Pensez aux associations qui fonctionnent le mieux dans un jardin de simples ou dans un saladier... et choisissez les teintes qui leur ressemblent. Feuilles de basilic, bouquet de romarin, jeunes pousses d'épinard et roquette fraîche seront autant de sources d'inspiration.

△ fruits frais

Pimpants, pleins de vitalité, les fruits apportent en décoration des nuances gourmandes. Raisin, groseilles à maquereau, reines-claudes et pommes emplissent votre imaginaire de fraîcheur.

△ marchands de bonbons

Les comptoirs à bonbons sont une mine d'inspiration avec tous les papiers d'emballage de couleur vive présentés côte à côte. Inspirez-vous aussi de leurs textures, du translucide froufroutant au métallisé étincelant.

◁ boutons et pétales

Vous ne vous attendez pas à trouver des pétales verts, pourtant la couleur de la tige irrigue parfois aussi la fleur, un effet merveilleusement subtil chez les fleurs blanches ou crème.

tons neutres

Le raffinement classique des couleurs **crème** et **café**, l'élégance naturelle des tons **pierre** et **anthracite** compensent toujours, par leur **subtilité**, la couleur qui leur fait défaut.

pourquoi les tons neutres fonctionnent bien

Ne vous laissez pas tromper par cette désignation.

Une couleur n'est jamais tout à fait neutre. Certes, le gris

et le brun n'ont pas la pureté des primaires, et sont moins

faciles à définir que les autres couleurs du spectre

chromatique. Ils ont leur personnalité propre, et sont

capables de créer des effets d'une grande diversité.

Allant des tons frais – blanc de la craie, gris de l'ardoise,

graphite soutenu – aux teintes chaudes de la crème,

du miel et du riche chocolat, voici une palette étonnante,

à l'éventail immense.

Les tons neutres ne sont pas forcément l'option sans

risque à laquelle leur modestie les a souvent cantonnés.

On ne peut pas opter tout de go pour « un crème »,

et s'imaginer qu'il conviendra à n'importe quel lieu et

n'importe quel usage. Oui, c'est un ton merveilleusement

subtil et adaptable. N'oubliez pas toutefois de penser à

l'orientation de la pièce, à la quantité de lumière qu'elle

reçoit, à l'atmosphère que vous souhaitez y créer, avant

de décider si vous préférez un ton froid ou chaud, clair

ou soutenu.

△ confort

Habillez une pièce d'un ton neutre, et vous obtiendrez un fond qui s'adaptera à n'importe quel style ou période. Un cadre aussi merveilleusement adaptable permet de changer d'ameublement, de passer du sobre et du minimaliste à l'opulence de nombreuses textures, suivant votre humeur et le goût du jour. Au lieu d'avoir à repeindre et re-décorer entièrement votre pièce au gré de la mode, vous vous contentez d'effectuer quelques ajustements, tout en conservant votre style personnel. Que vous conserviez un décor net et bien dégagé ou apportiez chaleur et texture dans un esprit plus traditionnel, la teinte discrète s'adaptera de même. Mieux encore, l'effet d'ensemble restera une impression de confort et de détente, car il dépend autant de l'esprit de la pièce que de son aspect. Comme les tons neutres en décoration sont plus évocateurs du plaisir de vivre que du désir de faire impression, ce qui compte vraiment, c'est que vous vous sentiez bien dans la pièce que vous avez créée.

▽ simplicité

Quels que soient les effets sophistiqués qu'ils permettent, les décors neutres conservent toujours un caractère pratique. Ce sont les tons du bois, de la vannerie, du cuir, de la natte, matériaux simples et robustes, plus orientés vers la fonction que vers l'apparence. Ils sont aussi beaux, ce qui explique pourquoi le style « naturel » a conquis ses lettres de noblesse en décoration. Sans prétention, les crème, blancs, gris et bruns fonctionnent bien ensemble, sans effort et sans aucun besoin d'apporter un grand soin au choix des coloris. Leurs surfaces naturelles offrent quantité de textures et de contrastes. Moelleuses serviettes blanches, tressages divers des vanneries, pierre et ardoise mouchetées, planches et lattes de bois du mobilier s'associent pour créer un décor simple et utile. Plus on apporte de textures, plus l'effet est rustique. C'est la voie à suivre si vous désirez une impression de simplicité, dans le style campagne.

△ toile blanche

Éliminez de la pièce la couleur, qui donne d'habitude la première impression. Vous voilà contraint de la regarder attentivement, et de trouver une manière plus inventive de lui donner vie. Sans la distraction de la couleur, on en revient à l'architecture et à la personnalité de la pièce. Vous êtes devant une toile blanche, et c'est à vous de jouer. Cela peut sembler un défi redoutable, mais, au départ d'un projet, les professionnels de la décoration recommandent souvent de peindre toute la pièce en blanc cassé. À partir de là, vous pouvez construire une palette de tons, et introduire des nuances plus soutenues si vous le désirez. C'est aussi l'opportunité d'essayer différents effets, en jouant sur les lignes et les textures. Pour vous entraîner, oubliez ce projet de créer toute une pièce ; faites des essais de formes et d'ombres variées pour voir comment elles fonctionnent ensemble.

◁ **Paisible et contemporain, ce subtil mélange de tons crème et bruns illustre la souplesse de la palette des neutres, de l'or pâle du miel au brun profond du chocolat.**

▷ **Les matériaux naturels, vannerie, grain du bois, sont aussi intéressants et font écho à l'effet de texture du papier peint au pointillé subtil.**

un séjour neutre

Cette association de tons café et crème crée une pièce dans laquelle on pourrait s'installer tout de suite, confortable, définie par son style tout en retenue. L'impression d'ensemble est lisse et contemporaine, mais les textures apportent un étonnant surcroît d'opulence. Les lignes pures donnent une impression de raffinement, ce qui en fait un décor adapté au mobilier traditionnel autant qu'au design contemporain. Ce sont les murs café qui donnent le ton ; fond chaleureux qui, en dépit de sa tonalité neutre, apporte beaucoup de profondeur du fait de son motif texturé. Il fait penser à de petites traces de pattes, donnant à la surface un effet moucheté. Voilà donc une couleur classique avec une note contemporaine. C'est l'allié idéal du parquet, qui marie ses lames claires dans des tons subtilement panachés pour créer des zones pommelées d'ombre et de lumière.

diversité des tons

Quand on voit la quantité de couleurs et de contrastes créée par sa palette pourtant limitée, cette pièce « neutre » bouscule notre définition de la neutralité. Si l'on attribue à chaque nuance sa couleur particulière, au lieu de la classer dans la catégorie crème ou brun, on prend conscience de la grande diversité des tons utilisés ! Nous avons le ton miel de l'osier des tables d'appoint et des paniers de rangement ; l'opulent caramel du cadre et de la haute vitrine ; la gamme des coussins, du vanille pâle au noir

de jais en passant par le grège ; et le ton froid ardoise du tapis à motifs, repris en écho par les vases posés devant la cheminée et sur son manteau. L'effet le plus puissant est donné par le ton châtaigne du canapé, un brun aux reflets chocolat. La douceur de son revêtement apporte un supplément de chaleur, mais aussi un brillant qui capte la lumière et crée des accents intéressants.

textures et lignes

Ici, la couleur n'est pas seule responsable de l'effet produit. On a une illustration du rôle tout aussi important des lignes et des textures dans la création d'un style. Quand l'œil n'est pas distrait par l'effet immédiat d'une couleur, leur rôle est décuplé, car c'est aux lignes et aux textures qu'il revient de créer des points d'attraction et des zones de contrastes pour maintenir l'intérêt en éveil. Ici, l'impressionnante cheminée tient bien son rôle. Puissante et anguleuse, elle contraste avec le moelleux des revêtements de tissu, chacun de ses plans en retrait créant des ombres très mélancoliques et grises. Peinte en blanc pour souligner le ton café des murs, la plinthe est surmontée d'une frise de papier peint qui met en valeur les proportions classiques de la pièce, et lui apporte plus de caractère. Et, partout dans le séjour, le contraste des textures, tapis moelleux, cuir lisse, osier tressé, ajoute profondeur et personnalité.

tons neutres chauds

△ blanc ivoire

Cette nuance riche et crémeuse élimine toute sensation de froid. Elle comporte juste assez de jaune pour réchauffer une pièce sans introduire de véritable couleur. Elle convient donc parfaitement pour une pièce orientée au nord, surtout une petite pièce dont vous souhaitez ouvrir l'espace. Le ton tout à fait naturel crée un fond merveilleusement reposant, sur lequel on peut appliquer d'autres nuances de crème ou de blanc, rideaux, bougies, tissu des sièges et linge de table apportant chacun leur propre tonalité.

△ miel

La chaleur dorée de ce ton de bois est soulignée par les carrés gris plus froids peints sur sa surface. Même le revêtement du siège, crémeux plus que blanc pur, a l'air frais en comparaison. Le bois est un excellent matériau pour introduire des notes neutres chaudes. On apporte aisément cette teinte de miel avec le parquet, les meubles anciens en pin et toute une gamme d'accessoires, de la tringle à rideaux aux cadres des tableaux.

△ café

Subtil et mesuré, voici un ton classique qui a largement fait ses preuves dans les décors contemporains. Il ne disparaît pas à l'arrière-plan, bien au contraire : sa tonalité est suffisamment profonde pour apporter une note fondamentale dans votre intérieur. Il possède également le talent de se mêler sans effort à la fois aux tons neutres et à d'autres couleurs. Pour en tirer le meilleur parti, faites-en l'essai avec différents textiles : lin, suédine ou velours côtelé.

△ chocolat

Les bruns foncés peuvent être oppressants. Chaude et opulente sans devenir ardente ni sirupeuse, cette nuance violacée a un caractère très net. Elle possède une élégance naturelle qui s'adapte aussi bien aux meubles cirés à l'ancienne qu'au velours à grosses côtes des canapés modernes. Utilisez-la en petite quantité pour offrir des contrastes intéressants aux tons crème plus doux, et des effets de profondeur et de mise en scène.

tons neutres froids

△ blanc brillant

Voici le plus pur des neutres : la toile blanche du peintre, qui attend que vous montriez votre créativité. Aucun accent de la moindre couleur dans cette teinte austère. C'est à vous qu'il revient de lui donner une personnalité, en ajoutant les éléments et accessoires décoratifs appropriés. Il peut être trop froid, surtout pour les pièces au nord, qui reçoivent peu de lumière naturelle. Si vous avez une pièce à grandes fenêtres inondée de soleil, c'est alors un bon moyen de la garder fraîche.

△ pierre

Ce ton doux aux accents argentés n'est pas le plus froid de la gamme des gris, mais il reste assez frais pour, en comparaison, faire paraître chauds la plupart des blancs. C'est ce qui arrive avec les tons laiteux de ces pichets. Très raffiné, net et mesuré, le ton pierre se marie bien avec les blancs et les crème pour créer une impression sereine et délicate. Peut-être le trouverez-vous trop sourd pour en habiller un mur, mais il se défend remarquablement dans l'ameublement et les accessoires.

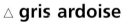

△ **gris ardoise**

Ici, la tonalité de l'encre imprègne le ton neutre, le gris rencontre presque le bleu. Matériau traditionnel des plans de travail et des sols de véranda, l'ardoise a un aspect feuilleté qui lui confère une grande diversité. C'est une bonne idée de recréer cet effet quand vous utilisez la couleur. Recherchez les peintures à texture de style méditerranéen, à l'aspect poudré ; ajoutez quantité de textiles aux tissages différents, pour créer des rehauts argentés parmi les ombres grises.

△ **graphite**

Gris profond, d'aspect mélancolique, le ton graphite se marie avec naturel aux intérieurs contemporains lisses et nets, au mobilier aux lignes sobres. Souvent associé à des touches de noir pur et à des accessoires brillants en acier ou en chrome, il apporte en général une note puissante, un peu masculine. Il peut prendre un air plus charmant si vous l'associez à de doux tons lilas et argent et introduisez du mobilier de style décoratif.

rôle des textures

Si vous vous en tenez à une palette neutre, sans tons francs qui apportent accents et contrastes, les textures prennent alors une part considérable dans l'art de donner du caractère à la pièce. Textiles, murs, sol et mobilier apportent tous leur fini, remplaçant la couleur de manière très efficace.

△ textures en résonance

Pour montrer que vous savez créer du motif sans introduire de la couleur, utilisez la richesse des textures. Combiner des tissages différents donnera une impression de profondeur. Toile grossière, suédine veloutée, fourrure opulente et grosses côtes du velours, toutes apportent leur style et leur effet particulier. On peut aussi leur superposer des jetés de laine. Ce mélange de textiles pourrait prendre une allure de fouillis ; introduisez des détails comme les boutons et les passepoils pour lui donner un aspect fini et soigné.

△ tissages naturels

Les revêtements de sol en matières naturelles, coco, sisal, jute, jonc, composent des fonds discrets pour les meubles et les tissus. Les tressages apportent déjà beaucoup de texture. Si vous cherchez un motif avec plus de personnalité, optez pour les chevrons ou les damiers. Brodez sur ce thème en introduisant des casiers en vannerie. Ils font merveille dans les chambres et les salles de bains.

▽ effets de peinture

Même un mur de ton neutre peut apporter une note au décor. La peinture permet de créer toutes sortes d'effets de texture, en combinant plusieurs finitions, mate, satinée ou brillante, pour renvoyer ou absorber la lumière. L'aspect tavelé de la petite table ajoute ici une impression de fané et d'ancien, comme si la peinture crème s'était écaillée pour laisser apparaître la sous-couche plus foncée ; et la peinture du mur présente une finition épaisse, striée, proche de la texture du plâtre brut.

△ jeux de relief

Tout en restant dans la palette des neutres, on peut apporter une note plus personnelle en ajoutant des détails décoratifs. Stucs, moulures et boiseries contribuent à l'élégance des lignes, qu'on les peigne pour se fondre dans les murs ou – pour un contraste plus délicat – qu'on opte pour une nuance subtilement différente. Vous pouvez aussi exposer votre collection de porcelaine, disposant côte à côte les blancs et les crème pour créer des motifs en relief dans la gamme des neutres.

sources d'inspiration

De par leur nature discrète et subtile, les tons neutres n'attireront pas aussi ouvertement votre attention que les couleurs franches. Lorsque des tons vibrants vous lancent des appels éclatants, difficile de remarquer les crème, les gris et les blancs cassés… Si vous décidez de les prendre en compte, vous découvrirez une mine d'inspiration et des nuances que vous n'auriez pas imaginées. Flânez dans les papeteries pour voir la gamme impressionnante des papiers blancs et crème qui existe. Dans votre abri de jardin, regardez la diversité des tons de bois, ficelle, pierre et emballage. Laissez-vous emporter par la richesse des nuances chez le marchand de café : tous ces grains luisants, du caramel brûlé à l'acajou foncé !

△ galets et cailloux

La surface mouchetée et striée des pierres et des galets propose des palettes de tons neutres, mêlés les uns aux autres dans une harmonie et des contrastes naturels. On y voit des gris frais comme des crème chaleureux, ainsi que des tons plus sombres et mélancoliques.

◁ placards à provisions

Ouvrez vos placards et votre réfrigérateur pour découvrir toutes sortes d'idées de couleur. Miel, fruits secs, sucre roux, crème, beurre, tous suggèrent des nuances riches et étonnantes.

△ trésors de la plage

Une balade sur la plage, et vous rapportez coquillages, bois morts et autres trouvailles comme ces étoiles de mer sèches, trésors proposant leurs notes originales de blanc, de crème, de gris.

△ échantillons de tissu

Flânez au rayon Textiles à la recherche de matières suggestives. Lainages moelleux, velours duveté, lin au maillage lâche, feutrine compacte offriront toute une diversité de contrastes.

◁ merveilles de la campagne

Inspirez-vous de vos trouvailles dans la nature et dans les cours de ferme. Douces et sans prétention, les nuances naturelles des plumes, des coquilles d'œufs et de la paille offrent un éventail étonnant de possibilités.

juste une touche

Jouez d'autres accords, faites des **essais**. Prenez un raccourci vers la couleur en apportant de nouvelles **touches**, en introduisant différents **accessoires**. Peinture, textiles, céramique et fleurs peuvent **métamorphoser** n'importe quel espace.

peintures

La peinture est un des moyens les plus faciles et les plus rapides pour apporter une note de couleur. Pour transformer la palette d'une pièce ou modifier son ambiance, nul besoin de la repeindre en entier. Ce qui est merveilleux avec la peinture, c'est la rapidité avec laquelle on produit un nouvel effet.

△ simples bandes colorées

Peindre des bandes sur un mur blanc demande moins d'efforts que repeindre l'ensemble. De larges bandes verticales rappellent l'effet d'un papier peint et contribuent à rehausser un plafond assez bas. Les bandes horizontales offrent plus de largeur à une petite pièce. Choisissez l'emplacement de vos bandes, positionnez un niveau à bulle pour vérifier l'horizontalité, et marquez les lignes-guides au crayon avant de peindre. Pour obtenir une ligne nette, collez une bande adhésive le long de la bordure. Pour un effet plus artisanal, laissez votre œil guider le pinceau jusqu'aux marques de bordure.

△ frises

On peut souligner fenêtres, boiseries et tout élément architectural de frises de couleur pour contraster avec le fond coloré d'une pièce. Ici, une bordure rose encadre la fenêtre et se poursuit en improvisant un lambris d'appui sur le fond orange. Le niveau à bulle est indispensable pour vérifier les horizontales, ainsi que la bande adhésive, pour obtenir des bords bien nets. Pour apporter un motif supplémentaire, vous pouvez décorer vos bandes au pochoir. Dans cette pièce, la couleur originale du mur est reprise par un simple motif en spirale pour donner une unité au décor.

△ sol en damier

Rien de plus simple qu'un sol peint, bien meilleur marché que la moquette ! Et cela vous laisse le choix de modifier le décor aussi souvent que vous le désirez. Il faudra peut-être un week-end pour effectuer le nombre de couches nécessaires, mais l'avantage est que vous pouvez le faire vous-même, plutôt que d'attendre la pose d'un nouveau sol par des professionnels. Prenez de la peinture spéciale sols, particulièrement résistante à l'usure, ou appliquez plusieurs couches de peinture et terminez par un vernis mat clair pour protéger la surface. Le damier est un des motifs les plus flatteurs. Nettoyez le plancher à fond, réglez le sort des pointes mal plantées, puis peignez toute la surface avec le ton le plus clair des deux que vous avez choisis. Une seconde couche sera sans doute indispensable. Une fois la peinture entièrement sèche, tracez votre damier, puis protégez les carrés clairs et peignez les autres avec la couleur foncée.

△ tiroirs d'Arlequin

Un meuble sans valeur ou de style moderne bon marché prendra un aspect « design » original si vous le transformez à l'aide de couleurs pimpantes. Choisissez des tons qui iront avec le style de la pièce. Pour un cadre raffiné et spacieux, employez des nuances pâles, qui renverront la lumière. Choisissez des tons plus terriens et plus sourds pour évoquer le style pratique et modeste des Shakers américains ; ou bien des coloris vifs et gais pour une ambiance plus cottage. Pour cette chambre d'enfant, on a alterné sur les tiroirs des tons contrastés de bleu et de lilas. Passez d'abord sur le meuble une couche d'apprêt pour le bois, puis votre couche finale. Une peinture à l'huile couleur coquille d'œuf sera du meilleur effet, apportant un aspect mat naturel tout en étant lavable et résistante. Pour faire encore plus vite, vous pouvez utiliser une peinture à l'eau et terminer par une couche d'encaustique.

textiles

Les textiles sont les éléments décoratifs les plus faciles à déplacer ! Ils ajoutent de la couleur en quantité variable, en surfaces unies ou ornées de motifs. Coussins, rideaux, nappes, tissus d'ameublement peuvent tous aider à introduire des nuances en contraste, ou à équilibrer une palette existante. Utilisez la texture du tissu pour accentuer la personnalité des couleurs. Les cotonnades fraîches iront avec les bleus et les verts aquatiques ; velours et laines opulents avec les roses et dorés plus chauds.

△ patère à rideau

Nul besoin de drapés ni de plissés sophistiqués, un simple rideau d'une couleur fera un aussi bel effet. Ici, on a bordé d'une bande verte un panneau de toile rustique à carreaux, pour l'harmoniser avec la nappe et la lampe. On a cousu une rangée d'attaches en tissu, technique d'une rapidité et d'une facilité remarquables. Ces liens s'accrochent tout simplement aux pitons de la patère en bois.

◁ devants de placards

Vous pouvez clore des étagères de cuisine par des panneaux de tissu. C'est une bonne solution si l'espace est trop étroit pour permettre à une porte de placard de s'ouvrir correctement. Posez une barre étroite le long du plan de travail, puis coupez des longueurs de tissu pour couvrir l'espace entre la barre et le sol. Percez une série d'œillets en métal en haut des panneaux de tissu, puis enfilez-les sur la barre, comme des rideaux.

▽ coussins en contraste

Les coussins apportent une note immédiate de couleur aux fauteuils et canapés. Petits, ce sont les accessoires les plus faciles à vivre et les plus aisément adaptables à votre palette, vite changés quand vous avez envie d'un nouveau décor : par nature mobiles et légers ! Quelle que soit la couleur du fond, les coussins peuvent la souligner ou apporter un contraste, soit pour s'accorder avec d'autres éléments d'ameublement, soit pour introduire une note nouvelle. Ici, un mélange de carreaux et lignes simples bleu soutenu et bleu moyen apporte la seule note de couleur dans un décor neutre. Le canapé devient un véritable centre d'attraction.

△ revêtements et passementerie

Élément-clé de l'ameublement, le revêtement des sièges peut apporter une note de couleur essentielle. Le simple fait d'introduire une seule chaise revêtue de tissu éclatant ravivera le bois naturel et les murs clairs. Ici, on a recouvert l'agenda du bureau du même tissu que le siège, créant une palette de base à laquelle pourront s'harmoniser d'autres tissus. Le petit sac de fournitures a été conçu dans un motif floral différent mais dans les mêmes tons. Il est noué par un lien réalisé dans le tissu d'origine, créant un détail contrasté. Les housses de siège offrent l'opportunité de changer encore plus vite votre palette. Si vous avez tendance à vous lasser assez souvent de votre décor, recherchez des meubles comme les fauteuils de metteur en scène, dont on peut remplacer les assises et dosserets en tissu ; ou bien achetez des fauteuils et canapés déhoussables plutôt qu'à revêtement fixe.

verre et céramique

Allant de la poterie artisanale et du verre recyclé à la porcelaine et au cristal, verre et céramique offrent un large éventail de nuances, prêt à habiller tables et vitrines. Utilisez-les pour apporter des touches colorées dans toute la maison.

Ne jetez pas les bris de porcelaine ou les tessons de céramique. Leurs morceaux pourront servir pour des effets de mosaïque.

△ verre de couleur

Le verre peut être aussi riche en couleurs que la porcelaine, l'important est de le disposer de sorte que la lumière puisse bien briller au travers. Rebords de fenêtre, étagères en verre et luminaires sont des endroits parfaits pour cela. Pensez à l'éclat irisé des gouttes de verre de couleur des lustres et des chandeliers. Le verre y acquiert la brillance d'un joyau, éclaboussant les surfaces alentour de reflets colorés. Tirez le meilleur parti du verre de couleur en dressant votre table. Vous pouvez en faire un élément de votre palette en cherchant des nuances qui s'harmoniseront avec des fleurs ou des tissus, ou qui contrasteront avec votre porcelaine.

△ carreaux déco

Les carreaux de céramique font partie intégrante de la palette des cuisines et salles de bains, et donc des options qui s'offrent à vous quand vous choisissez les éléments du décor et les tons de peinture. Pas besoin d'en recouvrir un mur entier pour créer un effet. Quelques carreaux de couleur insérés dans une série blanche suffisent à vivifier une pièce. De même, les revêtements de protection derrière les lavabos et les éviers offrent une surface limitée de couleur qui rend superbement dans une pièce blanche. Si la palette à laquelle assortir vos carreaux n'existe pas encore, vous pouvez oser tous les tons de l'arc-en-ciel. Ils créeront leur propre palette miniature.

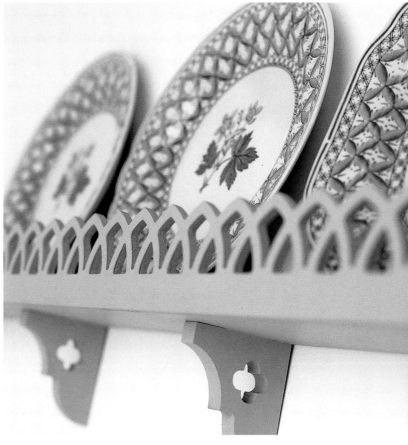

△ vitrines et vaisseliers

Le vaisselier traditionnel reste une des meilleures façons d'exposer vos porcelaines. Il offre l'opportunité de mêler différents motifs et couleurs et de changer de présentation aussi souvent que vous le souhaitez. Son point fort est qu'il permet un rangement fonctionnel de la vaisselle tout en donnant une unité aux collections d'objets présentés. Une des meilleures combinaisons est le mélange bleu et blanc traditionnel, typique des cuisines de campagne à l'ancienne, où les couleurs ton sur ton donnent son unité à un ensemble parfois disparate. On a repris ce concept pour cette collection rustique de céramiques peintes à la main. Le rose tendre sert de lien entre les motifs contrastés à pois et à fleurs ; les quelques gobelets rouge vif reprennent le thème des pois avec un peu plus d'audace.

△ vie des étagères

La vaisselle apporte des couleurs magnifiques, et on ne devrait pas la limiter à la table ! Disposez vos assiettes sur une étagère de présentation, ou suspendez-les directement au mur. Un rayonnage courant le long du mur à hauteur de cimaise offre un espace de présentation idéal pour une collection d'assiettes ou de pichets assortis. On peut introduire ce type d'étagère dans une pièce, soit en recouvrant la moitié inférieure du mur par un panneau de boiserie couronné d'un rebord, soit en fixant des tablettes décoratives individuelles, comme ici. Peinte du même ton de bleu que les assiettes, ornée d'un motif en arcs entrecroisés qui rappelle celui de la porcelaine, celle-ci rend particulièrement bien.

fleurs

Rien de tel que les fleurs fraîches pour injecter de la couleur dans un décor. Leur effet est temporaire, il ne dure bien sûr que le temps des fleurs, mais cela fait partie de leur magie. Chaque présentation est unique et précieuse ; mais une fois disparue, on peut en inventer une autre qui la remplacera. Il n'est pas nécessaire de choisir des fleurs exotiques et coûteuses ; un simple bouquet acheté au marché apportera tout autant de beauté et de couleur qu'un arrangement très sophistiqué.

△ bouquets de table

Coupez des fleurs de jardin pour orner les tables et dessus de cheminée. Ici, narcisses crème et muscaris bleus apportent leur fraîcheur printanière dans une présentation sans façon. Utilisez des récipients usuels comme vases improvisés : gobelets en verre dépoli, pichets à lait et théières pour les fleurs à tiges courtes ; cafetières et carafons pour des présentations plus hautes.

◁ décorations de chaises

La table offre toutes sortes d'occasions de rajouter des touches de couleur. On peut même élargir ce concept en incluant les chaises ! Ici, on a noué avec du raphia des petits bouquets de fleurs sur le dossier des chaises, en harmonie avec la décoration de la table. Si vous prenez des lys, comme ici, veillez à bien laisser les étamines tournées vers l'extérieur de façon à ce que le pollen ne tache pas les vêtements des convives.

▽ guirlandes d'été

L'avantage de cette création est que l'on peut utiliser des fleurs artificielles et non des vraies : si vous souhaitez qu'elle dure, choisissez des fleurs en soie ou en papier de belle qualité. Cette version estivale de la couronne de Noël peut être accrochée à une porte ou un mur, ou posée sur une étagère ou une cheminée. Pour former la couronne, procurez-vous six ou huit fines longueurs de rotin naturel, que vous tordez en cercle, les attachant ensuite avec du raphia et des rubans. Insérez ensuite les tiges des fleurs sous le ruban autour de la couronne. Celle-ci s'orne de bleuets et de boutons de rose, mais vous pouvez varier les fleurs pour l'harmoniser aux teintes de votre pièce.

△ fleurs flottantes

La plus simple des présentations crée un très joli centre de table, pour un dîner ou pour prendre le thé. On a coupé des têtes de fleurs et on les a posées sur l'eau afin qu'elles créent leurs propres motifs sans que vous ayez à intervenir... Il faut que les corolles soient bien denses et suffisamment ouvertes pour bien flotter. Évitez les boutons trop fermés ou les fleurs à pétales fragiles, comme les roses et les tulipes. Gerberas, soucis, bleuets et toutes les variétés de marguerites font un bel effet, comme ici en mélange avec des boules-de-neige vert pâle.

index

crédits photographiques

Crown Paints 4, 13 en haut à droite, 30 en haut à droite, 39 en haut à droite, 46 en bas à gauche, 68, 77 à gauche, 78 en haut à droite, 88, 94 en haut à droite, 94 en bas à droite, 94 en bas à gauche, 97 en bas, 100, 103 en bas à gauche, 110 en haut à gauche, 119, 124, 125 à droite, 127 à gauche, 128 à droite, 130, 131

Octopus Publishing Group Limited/David Loftus 129 en haut à gauche

/William Reavell 115 en haut à gauche

The National Magazine Company Limited 26, 29 à droite, 36, 38, 39, 44 à droite, 45 à droite, 51 en haut à gauche, 54, 55 en bas à gauche, 80 à droite, 81 en haut à gauche, 82 à gauche, 86, 93 à gauche, 108 à droite, 112 en bas, 113 à droite, 118, 120, 121, 132 à gauche, 132 à droite, 134 à droite, 136 à droite, 139 à gauche, 139 à droite

/Greame Ainscough 97 à droite

/Christian Barnett 35 en haut à gauche

/Dominic Blackmore 5 en haut, 23 en haut, 30, 46 en haut à droite, 48 en haut à gauche, 61 à gauche, 62 en haut à gauche, 64 en bas, 66 en bas à droite, 67 en haut à gauche, 99 en haut à droite, 116, 133 à droite

/Jon Bouchier 67 en bas à droite

/Clive Bozzard-Hill 82 à droite

/Paul Bricknell 122 à droite

/Ginette Chapman 87 en bas à gauche, 126 à gauche

/Polly Eltes 56, 57, 73, 85, 110 en bas à gauche, 123 à droite, 129 à droite

/Stewart Grant 12, 65 à droite, 81 en bas, 84, 94 en haut à gauche, 122 à gauche

/Jacqui Hurst 103 en haut à droite

/Syriol Jones 71 en haut à droite, 97 en haut à gauche

/Derek Lomas 83 à droite

/David Munns 128 à gauche

/Thomas Odulate 51 en bas à gauche

/Lizzie Orme 7, 8 en haut, 8 en bas, 9 en haut, 9 en bas, 20, 23 en bas, 30 en bas à gauche, 34 en bas à droite, 34 en haut à gauche, 42, 43, 44 à gauche, 46 en haut à gauche, 49 à droite, 60 à gauche, 64 à droite, 65 en haut à gauche, 70, 81 à droite, 87 en haut à gauche, 92 à droite, 96 à droite, 110 en bas à droite, 119 en bas, 123 à gauche, 126 à droite, 135 à gauche, 136 à gauche

/Ian Parry 28 à droite, 32 à droite, 48 à droite, 71 en bas à gauche, 89, 90, 96 en haut à gauche

/Debbie Patterson 50 en bas à gauche, 69, 83 en bas à gauche, 98 à gauche, 98 en bas à droite, 99 en bas à droite, 101, 114 en haut à droite, 114 en bas à gauche, 115 en haut à droite

/Colin Poole 48 en bas, 75

/Spike Powell 5 en bas, 27, 32 en haut à gauche, 35 en haut à droite, 46 en bas à droite, 76 à gauche, 96 en bas, 117

/Graham Rea 29 à gauche, 40, 41, 49 en bas, 61 à droite, 62 en bas à droite

/Trevor Richards 16, 17 en haut, 17 en bas, 65 en bas, 72, 77 à droite, 78 en haut à gauche, 92 à gauche, 109 à gauche, 113 en haut à gauche, 113

en bas, 133 à gauche, 135 à droite, 137 à gauche

/Rowland Roques O'Neil 28 à gauche, 51 en haut à droite, 53, 58, 59, 62 en haut à droite, 62 en bas à gauche, 78 en bas à droite, 102, 109 à droite, 134 à gauche, 137 à droite

/Lucinda Symons 6, 10, 11, 13 en bas à gauche, 14, 15 en haut, 15 en bas, 22, 24, 25, 30 en haut à gauche, 32 en bas à gauche, 33 à droite, 33 en haut à gauche, 33 en bas, 35 en bas, 37, 45 à gauche, 50 en haut à droite, 52, 55 en haut à droite, 60 à droite, 64 en haut à gauche, 67 en haut à droite, 74, 76 à droite, 80 en haut à gauche, 80 en bas, 83 en haut à gauche, 91, 93 à droite, 104, 105, 106, 107, 108 à gauche, 110 en haut à droite, 112 à droite, 124 à droite, 125 à gauche, 127 à droite, 129 en bas, 138 à gauche, 138 à droite, 143

/Jon Whittaker 21, 66 en haut à gauche

/Polly Wreford 99 en haut à gauche, 112 en haut à gauche, 115 en bas à gauche

Sandtex Exterior Paints 49 en haut

L'éditeur tient à remercier Cécile Tarpinian pour sa précieuse contribution.

la roue chromatique

Utilisez la roue des couleurs pour **essayer** de nouvelles palettes en **contraste** et en **harmonie**. Regardez tous les effets que vous pouvez créer avec différentes **associations de couleurs**.

comment utiliser
la roue chromatique

Cette roue a été conçue pour vous permettre de poursuivre l'exploration des couleurs du spectre. En les divisant en nuances distinctes, elle vous offre un maximum d'options pour sélectionner les teintes de votre intérieur. Pour choisir les tons qui iront bien ensemble et réussir votre palette, faites tourner la roue jusqu'à ce que la couleur principale de votre décor apparaisse dans la fenêtre « couleur choisie ».

Les tons que vous voyez dans les fenêtres « en harmonie » et « en contraste » pourront fonctionner avec votre premier choix, suivant votre désir de créer une harmonie ou, à l'inverse, de jouer sur les contraires.